新世纪普通高等教育电子商务类课程规划教材

新媒体运营

New Media
Operation

◉ 柳 欣 / 编 著

大连理工大学出版社

图书在版编目(CIP)数据

新媒体运营 / 柳欣编著. -- 大连：大连理工大学出版社，2025.1(2025.1重印). -- ISBN 978-7-5685-5193-9
Ⅰ．G206.2
中国国家版本馆CIP数据核字第2024M3L141号

大连理工大学出版社出版

地址：大连市软件园路80号　邮政编码：116023
营销中心：0411-84708842　84707410　　邮购及零售：0411-84706041
E-mail:dutp@dutp.cn　　URL:https://www.dutp.cn
大连图腾彩色印刷有限公司印刷　　大连理工大学出版社发行

幅面尺寸：185mm×260mm	印张：11.75	字数：316千字
2025年1月第1版		2025年1月第2次印刷

责任编辑：邵　婉　王　洋　　　　　　　　责任校对：张　娜
　　　　　　　　　封面设计：张　莹

ISBN 978-7-5685-5193-9　　　　　　　　　　　定　价：48.00元

本书如有印装质量问题，请与我社营销中心联系更换。

前　言

随着数智时代的到来,每个人的生活都发生了翻天覆地的变化,同时也给企业运营带来了新的挑战和思考。党的二十届三中全会指出"促进实体经济和数字经济的深度融合""加快新一代信息技术全方位全链条普及应用"。面对新技术、新业态的发展,不仅在运营理念及方法方面对现代企业提出了更高的要求,还对运营人员掌握数智时代的运营手段提出了新的要求。新媒体运营作为一门新兴学科,是建立在经济科学、行为科学和现代管理科学上的应用科学,具有谋略性、艺术性与实用性。在如今激烈的竞争中,各行各业都需要以新媒体的视角来发展经济、开拓事业。掌握新媒体运营技术应该成为企业专业人员的必备素质。

为适应高校教学及企业的实际需要,结合多年的教学研究经验,本着将理论教学和实践教学有机结合的理念,编写了本教材。本教材一方面可满足应用型、创新型人才培养需要,注重对专业能力、数智能力及对学生创新创业能力的培养;另一方面可满足市场需要,对企业运营及数字化转型等提供可借鉴的依据,具有较强的实用性。

本教材的特点主要体现在:

一是贯彻守正创新理念,将中华优秀传统文化与新技术紧密结合。中国作为世界重要经济体,每一个阅读者在感受中国经济迅猛发展的同时,更要自觉地接受中华优秀传统文化的洗礼。本教材尝试从中华优秀传统文化中寻找"新媒体运营"课程可借鉴的内容,结合新媒体技术,希望能为学生及企业人员借助运营讲好中国故事进行有益的探索。每章都配有思维导图,对本章内容进行总结,借助新技术、新方法使读者更为清晰地了解主要内容及整体框架。

二是助力"双创"能力提升。党的二十届三中全会在深化教育综合改革中强调"着力加强创新能力培养",面对数字化、网络化、智能化带来的新一轮科技革命和产业变革,更需要培养创业精神和创新能力来应对挑战。本教材对于创业者应重点掌握的营销理论通过"创业必知知识点"加以强调,同时通过"创业营销能力实训项目"在学以致用的同时提高创新能力,培养创业精神。

三是利用优质线上资源。本教材编著者是省级线上精品课程的负责人,在编写中将相关理论的优质网络课程通过"拓展学习"环节引入。对相关知识点进行丰富,便于阅读者开拓思路,力争做到前沿、新颖、独到。

四是新文科背景下促进学用结合。本教材的各位参与编写人员均具备多年从教及学生管理等经验,注重结合用人单位需求提升学生实践能力。在这一过程中,结合新文科跨学科跨专业的要求,本教材选择不同行业的应用案例,拓宽读者的思维和视野,让读者走进更多学科领域,更为全面地掌握相关运营理论。全书在每章配有相应的课堂练习、探讨与应用等项目,使学生具有业务的实际操作能力,每章都配有同步测试和案例分析等内容,供广大学生和自学者进行自我检测。

本教材既可作为经济、管理类本科教材,也可作为市场营销、电子商务、企业运营和企业管理人员的自学用书。

本教材由哈尔滨金融学院柳欣编著,哈尔滨金融学院高微、李翠亭、王林鑫以及哈尔滨学院刘成洋参与编写。全书共九章,具体分工如下:柳欣编写第1章、第2章,高微编写第7章、第8章、第9章,李翠亭编写第3章、第4章,刘成洋编写第5章、第6章,王林鑫完成了所有章节的知识图谱。全书由柳欣定稿。

感谢大连理工出版社对本书出版的大力支持。感谢中国银行黑龙江省分行史磊、中国银河证券黑龙江省分公司王婷、广州市益武职业培训学校于海洋及哈尔滨无碍堂商贸有限公司曲微为本书提供相关资料。本书及线上视频参考和引用了众多专家、学者的珍贵资料,除注明出处的部分外,限于体例未能一一说明,在此谨向有关作者表示诚挚的谢意。由于编写时间仓促、编者水平有限,书中疏漏和不妥之处敬请广大读者和专家批评指正。

编 者

2024年11月

目 录

第 1 章 立足新媒体内涵 了解新媒体运营 · 1
1.1 了解新媒体 · 2
1.2 了解运营 · 7
1.3 创 意 · 9

第 2 章 树立运营理念 提升运营能力 · 13
2.1 确立新媒体运营观念 · 14
2.2 掌握新媒体用户消费行为特点 · 22
2.3 新媒体运营策划内容 · 26
2.4 新媒体运营者的基本素质 · 29

第 3 章 遵循运营流程 体现运营思维 · 34
3.1 新媒体运营的流程 · 36
3.2 新媒体运营的常用思维 · 38
3.3 茶产品运营实例 · 40

第 4 章 了解创意理论 掌握创意方法 · 44
4.1 了解创意 · 45
4.2 拓展创意视角 · 47
4.3 掌握创意思维方法 · 49
4.4 提升创意思维相关训练 · 59

第 5 章 了解新媒体运营工具 掌握新媒体运营基本操作 · 71
5.1 编辑工具 · 72
5.2 图文工具 · 79
5.3 音频、视频编辑 · 84
5.4 旅游业新媒体运营工具使用案例 · 92

第 6 章 微博运营与创意 ········ 98
- 6.1 初识微博新媒体运营 ········ 99
- 6.2 了解微博运营策略 ········ 103
- 6.3 创意内容开发与实现 ········ 105
- 6.4 微博运营工具 ········ 107
- 6.5 教育行业微博运营与创意案例 ········ 110

第 7 章 微信运营与创意 ········ 115
- 7.1 认识微信营销 ········ 116
- 7.2 微信营销的形式 ········ 120
- 7.3 微信运营与营销 ········ 123

第 8 章 公众号运营与创意 ········ 136
- 8.1 微信公众号 ········ 137
- 8.2 微信公众号运营 ········ 145
- 8.3 其他公众平台运营 ········ 150

第 9 章 社群运营与创意 ········ 159
- 9.1 社群营销概述 ········ 160
- 9.2 构建社群及商业变现模式 ········ 162
- 9.3 社群运营团队建设 ········ 167
- 9.4 社群活动 ········ 172

参考文献 ········ 182

第 1 章 立足新媒体内涵 了解新媒体运营

思维导图

本章学习目标

◆ **应用知识目标**

1. 领会新媒体运营与创意；
2. 识记新媒体运营的含义及特点；
3. 理解新媒体运营的作用。

◆ **应用技能目标**

1. 熟悉 2～3 种新媒体类型；
2. 认识创意的重要性。

◆ **创业必知知识点**

1. 运用新媒体与自媒体；
2. 了解新媒体运营的作用；
3. 体会创意。

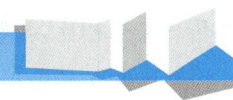

案例导读

A 英语培训机构从线下培训到直播卖货

在"双减"政策出台之前，A 英语培训机构在大家的印象里是成功的企业，但随着"双减"制度的发布,很多学科类培训机构都受到了严重创伤,关门的关门,裁员的裁员,变卖桌椅的变卖桌椅,纷纷寻求最小的损失。作为最大的英语培训机构,A英语培训机构也受到了重创,甚至放弃了主营项目。2021年11月15日,A英语培训机构发布公告称,计划于2021年底前全国所有学习中心不再向幼儿园至九年级学生提供学科相关培训服务,也宣告了国内的教育培训时代几乎终结。

自2022年6月15日开始,A英语培训机构的直播间"火了"。短短一周时间,"粉丝"增加上千万人。英语教师用一段双语带货视频,将A英语培训机构直播间推上热搜,火遍全网。自此,A英语培训机构热搜不断,长时间占据着直播界的榜首位置。A英语培训机构历时半年的摸索,最终转型成功,化茧成蝶……

思考

A英语培训机械转型成功与新媒体的关系。

"新媒体"这个词并不生僻,因为每天我们都在使用,在数字化、信息化和全球化背景下以新的技术支撑出现的这种媒体形态正在代替传统媒体,被定义为新媒体。

1.1 了解新媒体

1.1.1 新媒体的概念

新媒体的概念分为狭义和广义两种。从狭义上讲,凡是新型的媒体或者新兴的媒体都是新媒体。这里的概念立足点仅为区别于传统媒体,笼统地对新媒体进行的定义,不能满足新媒体发展的需求,更不利于行业的交流沟通。从广义上讲,新媒体是指在数字技术和网络技术支持下,通过计算机、手机、数字电视等,向用户提供信息和服务的传播形态。与传统媒体相比,新媒体更加注重个性化的展现,同时成为可以交流的平台。

新媒体是新的技术支撑体系下出现的媒体形态,如数字杂志、数字报纸、数字广播、手机短信、移动电视、网络、桌面视窗、数字电视、数字电影、触摸媒体、手机网络等。相对于报刊、户外广告、广播、电视四种传统意义上的媒体,新媒体被形象地称为"第五媒体"。

知识链接

传统传媒的"第一"

第一台电视机

最早发明电视机的人是苏格兰的约翰·贝尔德,一些废旧的材料,如一些旧电线、旧糖盒,还有一些废旧的无线电等材料,仅凭这些东西他制作了电视摄影机和接收机,第一台电视机就这样诞生了。1926年,约翰·贝尔德在英国皇家学会上向参加会议的40多名科学家展示了自己的发明成果。他在另外一间屋子里放电视,观看的人可以看到一个人抽烟的画面,还能够听到人在里面说话的声音。就这样,电视机得到了大家的认可,这是世界上最早的电视机。

第一张报纸

世界上第一张报纸是一份1605年印刷的请求书。它被世界上最著名的博物馆之一德国古腾堡博物馆发现,这份馆藏的珍稀文物证实了世界上最早的报纸在1605年就已经出现。这个结论比目前有关著作中关于最早出现报纸的时间至少提前了4年。在目前有关外国新闻事业的教科书里,世界上第一份印刷报纸一般都是以17世纪初出现的欧洲国家报纸为标志,如荷兰的安特卫普的《新闻报》、德国的《通告报》、英国的《每周新闻》等。据考证,已知的中国历史上最早的报纸是《开元杂报》,出版于唐玄宗开元年间,是唐朝政府发行的官报,内容是宫廷动态,读者是首都官吏。

1.1.2 新媒体的分类

目前,由于划分标准不一,业界对新媒体的分类还没有做出完全硬性的规定。但是,就目前行业的发展情况来说,最具代表性的当属科技博客、手机媒体、交互式网络电视、数字电视、移动电视、微博、微信这七类。其中,微博、微信在新媒体运营方面的发展最为火热。

下面对新媒体的这七大类型进行具体介绍。

1. 博客

博客是发展比较早的一类新媒体的代表。博客指写作或是拥有 Blog(或 Weblog)的人;Blog(或 Weblog)是指网络日志,是一种个人传播自己思想,带有知识集合链接的出版方式。博客有三大主要作用:个人自由表达和出版;知识过滤与积累;深度交流沟通的网络新方式。

探讨与应用

请你就某个科技问题寻找科技博客的网站,通过对比资料找出各科技博客的异同。

2. 手机媒体

手机对于人们来说早已不只是一个用来通信的工具，更是人们认识世界、了解世界、发现世界的新通道，被称为"第五媒介"。一般来说，手机用户除了用手机与他人联系外，还会了解咨讯、支付费用、购物以及办公等。手机已经成为人们对外联系的重要窗口。

知识链接

第一部手机

1973年4月3日，工程师马丁·库帕在摩托罗拉实验室里成功发明了世界上第一部手机——摩托罗拉Dyda TAC 8000X。随后马丁·库帕在曼哈顿的街头，用着那个像砖块儿一样的盒子，将世界上第一通移动电话打给了竞争对手，并告知竞争对手，自己已经成功研发出世界上第一部手机，并在用这部手机给他打电话。因为技术方面并不完善，所以与现在的手机比起来，这部手机不仅外观非常大，而且非常重，光是内部电路板就高达30个，导致这部手机充满一次电需要近10小时，却只能通话35分钟。不仅如此，这部手机除拨打和接听电话这两种功能外，没有其他功能。虽然这部手机售价高达3 995美元，但依旧是富人眼中的抢手货。这部手机的诞生，意味着一个全新时代（无线电通信时代）的开启，这是具有划时代意义的，马丁·库帕也因此被称为移动电话之父。

3. 交互式网络电视

交互式网络电视（Internet Protocol Television，IPTV），是互联网和传统电视的结合。它不再以固有的传播者与受众的定位来进行传播，而更偏重两者之间的互动，以获得竞争优势。

4. 数字电视

数字电视是新媒体的主要代表之一。随着数字电视用户的不断增加，数字电视的产业链也在不断完善与发展。如今，虽然年轻人更倾向于网络平台，但是对中老年人来说，他们还是更倾向于看电视。因此，商家在销售数字电视时应该重视老年人市场。

5. 移动电视

作为一种新兴的媒体形态，移动电视覆盖面广、移动性强，"强迫收视"是其最大的特点。移动电视不仅用于娱乐节目的传播，还能提供城市的应急信息，增加了其实用性和受众的接受度。移动电视一般出现在公交车或地铁上。

6. 微博

微博是继新媒体发展后新兴的一个一种媒体形态，它通过一对多的互动交流方式，以及快速、广泛传播的特性，为企业提供了一个良好的推广平台。

第1章 立足新媒体内涵　了解新媒体运营

知识链接

微博出现的时间

新浪微博是 2009 年 8 月 14 日成立的,由新浪网推出,是提供微型博客服务类的社交网站。用户可以通过网页、WAP 页面、手机客户端、手机短信、彩信发布消息或上传图片。用户可以将看到的、听到的、想到的事情写成一句话或发一张图片,通过电脑或者手机随时随地分享给朋友,一起分享、讨论;还可以关注朋友,即时看到朋友发布的信息。新浪微博采用了与新浪博客一样的推广策略,即邀请名人加入开设微型博客,并对他们进行实名认证,认证后的用户在用户名后会加上一个字母"V"(认证个人字母 V 为金黄色,认证企业字母 V 为深蓝色),以示与普通用户的区别,同时也可避免冒充名人微博的行为,但微博功能和普通用户是相同的。

7. 微信

微信作为一种新的生活方式,远远超越了社交媒体交流平台的定义。从免费的短信聊天功能,到深受欢迎的语音交流体验,再到"摇一摇""搜索号码""扫二维码"等功能的增加,微信在为广大用户提供更多的信息传播渠道的同时也为用户带来了全方位、高品质的服务体验。除此之外,微信还有很多功能的,如用户可以将看到的精彩内容分享到微信朋友圈。

知识链接

微信出现的时间

微信是腾讯公司于 2011 年 1 月 21 日推出的一款面向智能终端的即时通信软件,由腾讯广州研发中心产品团队打造。用户可以通过微信与好友进行文字或图片消息的传送。微信具有零资费、跨平台、拍照发给好友、发手机图片、移动即时通信等功能。同时,可以显示对方实时输入状态,以实时掌握对方的响应情况。后又推出微信支付、微店等。

1.1.3 新媒体的特点

随着新媒体的不断发展,它所呈现出的形式主要包括微博、微信、论坛等。由此可见,新媒体多偏向于自媒体方面的发展。从现在主要的新媒体表现形式来看,新媒体具有以下五个特点:

1. 传播方式双向化

新媒体的传播方式是双向传播。新媒体的受众者既是信息的接受者,同时也是信息的传播者。传统媒体"传播者单向发布、受众被动接收"的状态已经被改变,新媒体的发展为每个受众提供了便于信息互动的传播方式,同时也增强了传播效果。

2. 接收方式移动化

新媒体是在移动互联网的基础上发展而来的,互联网的移动性特点也决定了新媒体这一特点的形成。受众在接收信息时带有明显的移动化特性,摆脱了固定场所的限制,也使新媒体的传播更为广泛。

3. 传播行为个性化

从微博、微信等新媒体的传播方式可以看出,人们既可以是接收者,也可以是传播者。每一个人不管是作为传播者还是接收者,都可以自由地发布观点、信息等。

4. 传播速度实时化

在互联网技术的支持下,新媒体的信息传播速度相比传统媒体更加迅速,甚至还可以实时接收信息,为受众做出相应反馈。

5. 传播内容多元化

从传播内容来看,新媒体呈现出多元化的特点。它在进行内容传播时,可以做到将文字、图片、视频等同时传播。新媒体传播内容的多元化不仅增加了传播内容的信息量,也在一定程度上拓展了传播内容的深度和广度。

1.1.4 新媒体与自媒体

党的二十大报告指出:"加强全媒体传播体系建设,塑造主流舆论新格局。"全媒体传播体系中,新媒体的发展是十分迅速的。很多行业都会利用新媒体这个平台来展开营销之战。此外,也有很多商家会利用自媒体平台进行宣传推广。也许有人会问,在进行营销之时,到底是利用新媒体比较好还是利用自媒体比较好?作为企业或商家,首先就要对新媒体与自媒体进行一定的了解,这样才能选择更适合自己的方式。

1. 自媒体的概念

简单来说,自媒体就是人们用来发布自己所见所闻的主要渠道,包括微博、微信、贴吧、论坛等。自媒体可以说是一种个人媒体,是一种利用电子媒介向他人或特定的某个人传递信息的新媒体。自媒体一般具有私人化、平民化的特点,因此人人都可以成为自媒体人。

企业或商家也可以利用这些渠道进行宣传推广,从而进行自媒体营销。自媒体的发展趋势是其价值因认知不断上升,"网红+电商"这种自媒体已经成为社交营销的发展趋势,随着其成熟和发展,版权意识不断增强。

2. 新媒体与自媒体的区别

新媒体和自媒体的区别主要表现在以下两个方面:

(1)被动与主动

在移动互联网的推动下,自媒体实现了飞跃发展,成为新媒体发展的主要形式。一般来说,对用户而言,新媒体传播的大部分信息还处在被动接受的状态。但是,自媒体却可以化被动为主动,实现对信息的个性化传播。

(2)自主选择

相比新媒体来说,自媒体拥有更多的话语权和自主选择权,它不仅可以对社交平台进行个性化构建,还可以在传播信息的同时张扬个性。正是因为自媒体的这种自由性,其才成为人们展现自我的平台。

1.2 了解运营

1.2.1 运营的概念

运营这个词对于管理并不陌生,它可以代表某一项岗位名称,比如在很多企业都会有运营岗位。但就其定义来说,从广义的角度,一切围绕着产品进行的人工干预都叫运营。本书以客户需求为核心,给出运营的定义。运营是指了解客户需求并根据产品所处的不同阶段,通过整合资源找到有效目标用户,实现阶段性业务目标,从而实现最终商业价值的各项管理活动的总称。也就是说,运营过程是包括计划、组织、实施和控制等管理工作的一系列流程。好的运营是对流程的持续改进和优化,其核心理念是杜绝生产过程中的浪费,同时明确需要改进的业务领域。企业中的所有人都应该关注运营工作,才能真正实现运营效果。

1.2.2 运营的分类

运营分为市场运营、客户运营、社区运营、内容运营。

1.市场运营

市场运营是以市场营销为手段,通过花钱的或不花钱的方式,对产品进行一系列宣传、曝光、营销等干预手段。从基础层面来讲,运营要关注和涉及的工作通常包括市场开拓、客户忠诚、促活成交。

(1)市场开拓

通过运营为企业产品带来新市场,开发新用户。

(2)客户忠诚

通过各种运营手段确保用户对产品满意并能够持续与企业保持稳定联系。

(3)促活成交

通过运营促进客户活跃,能够让客户愿意更频繁、更开心地使用产品。

2.客户运营

客户运营是指以客户需求为中心,遵循客户的需求设计运营活动与规则,制定运营战略与运营目标,严格控制实施过程与结果,以达到预期所制定的运营目标与任务。这是以人为中心的运营手段,常见于用户原创内容社区。以贴近客户、团结客户、引导客户为手段的运营方式,其核心主要包括四个方面:

第一,开源,拉动新客户。

第二,节流,防止客户流失与挽回流失客户。

第三,维持,已有客户的留存。

第四,刺激,促进客户活跃甚至向付费客户转化。

3. 社区运营

社区运营是指通过持续性、主题明确、多样化的社区活动面向社区消费者进行的干预活动。其目的是保持和提升社区用户的活跃度和忠诚度,需要做以下相关工作:

第一,方案梳理、活动规则制定。

第二,社区活动资源统筹和协调。

第三,活动在各渠道的宣传推广。

第四,活动上线执行、结果评估、反馈优化。

4. 内容运营

内容运营是指运营者利用新媒体渠道,用文字图片或视频等形式将企业信息呈现在用户面前,并激发用户参与、分享、传播的完整运营过程。内容运营中内容的丰富度、内容与用户兴趣的相关度是决定企业用户活跃度和留存率的重要因素。

内容运营主要包括以下工作:

第一,内容话题策划和持续输出。

第二,内容策划编辑和投放,跟进评估内容互动数据。

第三,涉及多样化"官方"内容生产需求时,负责对应不同"官方"身份的内容生产投放,提升内容丰富度。

第四,支撑推广和运营所需的其他内容策划需求。

除以上运营方式外,常见的还有商务运营,这类方式多见于一些商务B2B的产品,分为商务拓展和销售两种。

1.2.3 新媒体运营的作用

无论是市场运营、客户运营、社区运营还是内容运营,归根结底,运营就是为企业核心业务服务的,为企业所处阶段的主要任务赋能,再打通所有业务,使这些业务能够串联起来,良性发展。

1. 运营能够使用户与产品建立连接

运营通过拉新、引流、转化等运营手段来帮助产品与用户之间更好地建立关系,并且通过运营手段(用户维持)能在一个较长的时间内保持这种关系。

2. 运营有利于使企业形成合力

运营的具体工作包括但不限于营销、策划、文案、编辑、推广、传播和用户管理等,因为其工作内容较广,会涉及企业的各个部门,通过新媒体运营往往能够对企业形成合力起到很强的促进作用。互联网企业中如果能够有专业负责运营工作的人员负责进行沟通,就不容易脱轨,能清楚核心业务,知道如何与各个部门沟通协调,形成一致的企业目标,为业务赋能。

3. 运营有利于企业做出正确决策

运营需要对产品、业务、行业、用户等有较深的理解。新媒体运营要用数据说话,通过大数据能够为产品、研发、市场等相关部门提供相应的数据支持,为企业制定策略提供依据并推动执行。

需要注意的是,新媒体运营入门容易但精通难,需要运营人员多学习先进的管理手段和方法,多分解和分析成功的案例,多了解行业知识和运营方法,多积累执行经验,同时要有思维上的高度。

1.3 创 意

1.3.1 创意的含义

"创意"的原意是指写文章有新意。创意最基本的含义有两点:一是有创造性,包括新颖性、超前性和奇异性;二是主意、念头、想法。"创意"既是一个名词,又是一个动词。作为静态名词的"创意"是指创造性的意念、新颖的构思;作为动态词汇的"创意"是指创意思维的过程,是一种经过思考而突然降临的、从无到有的新意念的产生过程。

著名广告大师J.W.扬的广告名著 *A Technique for Producing Ideas* 被译为《产生创意的方法》,从此"idea"作为创意一词被普遍使用。

创意是一种通过创新思维意识,进一步挖掘和激活资源组合方式进而提升资源价值的方法。

1.3.2 创意的特征

创意的主要特征是突发性、形象性、自由性和不成熟性。

1. 创意的突发性

创意是一种突变式的思维飞跃,使感性材料或灵感启示迅速升华为理性认识,也就是变成想法、意念,故而创意有突发性的特征。

2. 创意的形象性

创意往往不是以书面语句的形式起作用的,而是作为思维元素存在的符号和具有或多或少明晰程度的表象发挥作用,并且这些表象能够自由地再生和组合。有了创意以后,才可以用概念来审查、推论,运用逻辑思维来证明或否定创意。

知识链接

Outside 杂志将手机做成监狱的形状,表现了现代人对互联网、移动终端的依赖,缺乏了自我思考的能力,这个创意让人们意识到在户外寻找更深度的畅快与自由。

3. 创意的自由性

创意思维的目标是确定的,但从思维的方向来说,则是多路的、散漫的、全方位的、灵活的,具有充分的自由性。创意的选择是自由开放的,创意者可以根据自己的喜好去思考自己最愿意做的事,有的创意者甚至可以是隔行的"业余爱好者",表现出思维开阔、自由奔放、不受拘束的特点。正是这种特性有时会使创意者获得十分宝贵的创意。

4. 创意的不成熟性

创意产生时往往是相对模糊的和不成熟的,只有经过明晰化和再生、组合之后,才能成为创新、设计和方案。创意不能等同于创新思维的最终产物,创意是灵感或经验与创新设计方案之间具有中介性质的思维存在。因此,创意诞生后,还必须有一个对创意去粗取精、去伪存真、由表及里的再思维过程。

1.3.3 新媒体创意的作用

1. 创意是创新的始动力

由创意开始进入更深入的创新过程,假如没有创意,创新也就不存在了。

2. 创意有启示作用

一个创意可以对自己和他人证明每一个人都具有创造力,我们可以有更多的创新,并以此破除创新的神秘感。

3. 创意使创造成为可能

创意的向前延伸便是创造。创意产生设想,创造把这种设想物化为有形的新产品,创业是利用新产品创建一个新事业,创效是凭借事业创立新的更好的绩效,这样的一个过程就是创新。

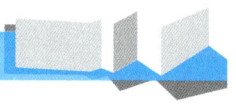

同步测试

1. 单项选择题

(1) 人人既可以是接收者,也可以是传播者。每一个人不管是作为传播者还是受众,都可以自由地发布观点、信息等。这就是新媒体的(　　)特点。

A. 个性化　　　　　　　　　　B. 实时化
C. 双向化　　　　　　　　　　D. 移动化

(2) 很多企业纷纷开始利用"网红"来进行营销,如淘宝模特、游戏竞技解说等。"网红+电商"已成为社交营销的发展趋势。这里的发展趋势指的是（ ）。

A. 价值的飙升 　　　　　　　　　B. 实现"网红"的盈利

C. 版权受到保护 　　　　　　　　D. 多元发展

（3）以下选项中，（ ）不是新媒体与自媒体的区别。

A. 接收信息的位置 　　　　　　　B. 自主选择性

C. 概念及含义 　　　　　　　　　D. 营利模式不同

2. 多项选择题

（1）新媒体应包含（ ）等类型。

A. 报刊 　　　　　　　　　　　　B. 数字电视

C. 电视 　　　　　　　　　　　　D. 科技博客

E. 手机 　　　　　　　　　　　　F. 微信

（2）新媒体具有（ ）特点。

A. 传播方式双向化 　　　　　　　B. 接收方式移动化

C. 传播行为个性化 　　　　　　　D. 传播速度实时化

E. 传播内容多元化 　　　　　　　F. 传播效果突发性

（3）自媒体具有（ ）发展趋势。

A. 价值的飙升 　　　　　　　　　B. 实现网红的盈利

C. 版权受到保护 　　　　　　　　D. 多元发展

创业营销技能实训项目

让身边的成功案例激发创业火花

[训练目标]选择学校周边受学生欢迎的商家，针对其产品和服务分析其受欢迎的原因，并针对某一种产品或服务为商家提出自己的创意。

[训练组织]学生每6人为一组，教师提供指导。

[创业思考]如何将创意与自己的创业项目相结合？

[训练提示]教师可以在开始训练前要求学生按组成立公司，确立公司组织结构，制定公司工作目标。

[训练成果]各组汇报，教师讲评。

案例分析
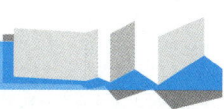

故宫新媒体运营与创意

1. 顺应市场需求，用"恶搞"逆袭"古板"

在快餐文化时代，网络名词快速更新，这已成了当代年轻人的必备流行语言。故宫营销抓住这一时代元素,以"恶搞"的方式颠覆了故宫古板严肃的印象,康熙帝"恶搞"的故宫图片一经发出,就呈现病毒式传播,年轻一代直呼"爱了"!极具趣味性的朝珠耳机、彩绘陶人俑晴雨伞、"朕就是这样的汉子"折扇,捕捉时代营销脉络,结合当下流行元素,将实用性与趣味性相结合,瞬间被年轻人追捧。

2. 借助自媒体优势,铸就超流量 IP

于故宫而言,其成功之处不仅在于其以"接地气""自黑"的全新形象走进年轻一代的视野,更大的成功在于铸就超流量IP,引领时尚潮流,呈现故宫出品皆流行的态势。而成就如此强大IP的利器就是当下"双微一抖"及多种社交程序的运用,这些新媒介均成为故宫的主要营销战场。新媒体强大的信息流,使故宫新营销思路得到更快、更开放的传播,同时精准匹配潜在用户群体,使故宫衍生品销售额不断创新高。

3. 紧抓时下热点,做强微博营销

继"自黑""恶搞"的IP形象深入人心之后,故宫更是运用多种方式做强微博营销,在功能区增设品牌横幅式广告和多个个性化头图,提高故宫微博辨识度,增强与粉丝之间的联结。同时,故宫紧抓时下新闻热点,结合故宫文化,不断更新搞笑图片或软文,并增加与粉丝的互动,频上热搜,扩展粉丝群体,至此故宫营销越做越强。

阅读以上材料,回答问题:

1. 故宫运用的新媒体类型有哪些?
2. 故宫新媒体运营的成功之处有哪些?
3. 请你为故宫开发创意产品。

第 2 章 树立运营理念 提升运营能力

思维导图

本章学习目标

◆ 应用知识目标

1. 领会新媒体运营的内涵；
2. 理解新媒体运营与新媒体营销的区别；
3. 掌握新媒体消费者行为特点。

◆ 应用技能目标

1. 掌握新媒体运营需具备的能力；
2. 训练新媒体运营的思维方式。

◆ 创业必知知识点

1. 了解新媒体消费者行为的特点；
2. 掌握新媒体运营需具备的能力。

案例导读

"冷宫"冰箱

有个粉丝在故宫淘宝微博下开玩笑说，能否出个叫"冷宫"的冰箱贴？在她看来，冰箱是用来制冷的，把剩菜剩饭放进冰箱好比是将其"打入冷宫"。故宫淘宝以前出过许多类似的小物件,所以那个粉丝才会抱着试一试的心态去开玩笑。

没想到,故宫淘宝微博真的转发并评论道:"现在都是一些什么人呀。"就在此时,其他粉丝把这个消息抄送给海尔官方微博,问海尔集团什么时候能和故宫淘宝合作,联合出一款"冷宫"冰箱。海尔官方微博的运营者见状立即回复说:"容我考虑考虑。"

网友们看到这个消息后,纷纷在微博留言表示支持海尔赶紧开发这么有趣的产品。这条微博的评论数与点赞数在短时间内超过了3万多次。于是海尔官方微博就这么意外地在这场互动中火了。紧接着,海尔官方微博运营团队马上与冰箱定制组的同事进行沟通,完成了一份用户调研反馈报告。据统计,有3万多名用户想要这款"冷宫"冰箱。海尔工程师开了个紧急会议,决定研发"冷宫"冰箱。而海尔官方微博在24小时后发出了用户提供的"冷宫"冰箱设计图,并把消息抄送给故宫淘宝微博。仅仅过了一周,"冷宫"冰箱从玩笑变成了现实。

2.1 确立新媒体运营观念

2.1.1 新媒体运营的概念

百度百科对新媒体运营的解释是:"新媒体运营是通过现代化互联网手段,利用微信、微博、贴吧等新兴媒体平台工具进行产品宣传、推广、营销的一系列运营手段。"这一定义比较抽象,不足以将运营工作的内涵表述清楚。

除了百度百科对"新媒体运营"的定义外,另一种比较常见的表述是:"新媒体运营指的是内容运营、活动运营、产品运营和用户运营四大模块的总称。"在实际运营工作中,四大模块之间往往没有清晰的边界,各项工作会有交叉。从事运营工作的新人之所以会对"新媒体运营"五个字充满困惑,主要有两个方面的原因。

1. 公司岗位差异化

不同的公司对新媒体运营岗位的定义各不相同。

企业本身规模较大、新媒体部门岗位分类较细分的公司,通常将运营岗位细分为微信运营、论坛运营、活动运营等,每个岗位只负责运营工作中的一个环节。例如,在招聘网站搜索"新媒体运营",就会出现内容运营、社会化营销、用户运营等大量细分的运营岗位。

企业规模较小、新媒体团队成员较少(甚至只有一个人负责新媒体)的公司,其新媒体运营岗位经常出现"用户运营与活动策划全权负责"的情况。

2. 运营本身多样化

每一项具体运营工作都具有多重属性,无法简单地把某项工作定义为产品运营或内容运营。

例如,某手机品牌在其官方微博发布了最新的宣传海报"×××的 2 000W 个故事",随后围绕该主题展开了一系列运营工作,涵盖了新媒体运营的多个模块。

(1)产品运营

在品牌微电影上线前期,运营团队推预热 H5 页面,用一镜到底的方式展现产品。

(2)内容运营

运营团队围绕"×××的 2 000W 个故事"这一主题专门设计了短视频、海报等宣传形式,以期达到更好的传播效果。

作为一项系统性工作,可以从战略角度、职能角度、操作角度对新媒体运营进行全面理解。

(1)战略角度

从战略角度看,企业新媒体运营是一个整体,对内衔接企业产品、对外衔接目标用户。新媒体运营部门需要挖掘用户需求并协助产品升级、设计优质内容并提升用户体验,即对产品及用户双重负责。

因此,从战略角度上讲,新媒体运营可以被定义为:借助新媒体工具,实现对产品研发、产品推广、用户反馈、产品优化闭环的精细化管理。

(2)职能角度

从职能角度看,新媒体运营包括四部分内容,即用户运营、产品运营、内容运营及活动运营。所以,从职能角度上讲,新媒体运营可以被定义为:利用新媒体工具进行产品、用户、内容及活动四大运营模块的统筹与运作。

(3)操作角度

从操作角度看,每一项具体工作又是一个小的运营闭环。以微信公众号的自定义菜单为例,虽然它只是一个小小的按钮,但是为了让菜单发挥最大价值,也需要进行同行自定义菜单调研、菜单策划、菜单设置、菜单点击数据分析、菜单优化等工作。

2.1.2 新媒体运营的内容

1. 用户运营

用户运营指的是以用户为中心搭建用户体系、开发需求产品、策划相关活动与内容,同时严格控制实施过程与结果,最终达到甚至超出用户预期,进而实现企业新媒体运营目标。

新媒体运营,用户是核心。不少企业的新媒体部门规定:"新员工在入职后,必须先做与用户相关的工作(如网店客服、微信公众号后台互动、用户社群沟通等),再上任其本职岗位。"因为不论是开发产品、设计活动,还是策划内容,都需要围绕用户进行。如果不重视用户运营,新媒体就会出现事倍功半的运营结果——面向大量不精准的用户开展新媒体工作,造成资金与精力浪费,最终降低了转化率、曝光量等数据。

用户运营工作主要围绕四方面展开,包括拉新、促活、留存及转化。

(1)拉新

拉新即通过微博、微信、论坛、社群、线下等渠道进行推广,邀请新用户注册或试用,其目的是提升用户总体数量。

(2)促活

促活即通过友好的新用户教程、创意的用户活动等方式,让用户每天多次打开软件或进入自媒体账号,其目的是提升用户活跃度。例如,某蛋糕品牌"六·一"儿童节期间推出新品蛋糕,在微信公众号中发文推广,邀请消费者在评论区参与"许下你的儿童节愿望"活动,在精选评论中随机抽10名消费者送出奖品。

(3)留存

留存即通过后台分析用户数据,以策划活动、增加功能或发放福利等形式留住用户,其目的是提升用户留存率。

例如,一家职业社交网站,当用户近期登录频率降低、有流失风险时,该网站会通过邮件、短信等方式,邀请用户查看推荐人脉或可能认识的联系人,进而邀请用户重返网站。

(4)转化

转化即拥有一定活跃用户后,尝试通过下载付费、会员充值等方式获取收入,目的是提升转化率。

例如,某云笔记软件,其基础功能向用户免费开放,用户可以直接使用录音速记、图文编排、多端同步等功能。但为了促进用户付费,该软件采用了三种用户转化形式。首先,在软件首页加入动态消息并提醒用户付费,用户打开软件即可直接看到提醒。其次,在"个人中心"菜单中加入"开启高级功能"按钮,吸引用户主动付费。最后,举办定期促销活动,邀请用户参与限时优惠。

2. 产品运营

产品运营指的是从内容建设、用户维护、活动策划三个层面来连接用户和产品,并产生产品价值和商业价值的新媒体手段。此定义中的三个重要关键词是产品、连接及价值,理解产品运营的概念,实际上就是理解这三个关键词的含义。

(1)产品

互联网产品可以从两方面来理解。狭义的互联网产品指的是独立开发的网站或软件,如电脑网站、电脑客户端、手机软件、游戏等。

广义的互联网产品可以更细化,指企业入驻某平台后销售的商品或开发的功能,如微信小程序等,涉及产品开发、推广等环节,同样可以被称为互联网产品。

新媒体运营,产品是根基。俗话说"巧妇难为无米之炊",有了产品之后,才能围绕产品开展内容、用户、活动三个模块的运营工作。

（2）连接

产品运营者需要做好与用户、开发者、其他运营者的连接，其日常工作也应围绕这三种角色展开（表2-1）。

表2-1　　　　　　　　　　产品运营者的日常工作清单

序号	具体工作	连接对象
1	挖掘用户需求	用户
2	倾听用户反馈	用户
3	产品测试	开发者
4	产品升级	开发者
5	用户反馈	开发者
6	推送产品软文	内容运营团队
7	设计用户策略	用户运营团队
8	策划产品活动	活动运营团队

（3）价值

产品运营是企业新媒体运营的价值体现。运营者不能只关注活动人气、内容阅读量等数据，还要想方设法吸引用户为产品买单，帮助企业实现营销目的。

3. 内容运营

在新媒体运营中，内容运营指的是运营者利用新媒体渠道，用文字、图片或视频等形式将企业信息友好地呈现在用户面前，激发用户参与、分享、传播的完整运营过程。

内容运营中的"内容"有两层含义。

第一，内容指的是内容形式。用户通过手机或电脑上网，只能通过"看图文、看视频、听音频"等形式了解产品或品牌信息，因此内容可以是文章、海报、视频或音频等。

第二，内容指的是内容渠道。用户浏览互联网内容一般通过微信公众号、今日头条、微博、知乎、腾讯新闻等渠道，因此运营者也需要将内容发布到内容渠道上，与用户的内容浏览习惯相匹配。

 探讨与应用

你一般在哪里浏览一下内容？
看新闻、看视频、读小说、听广播、看图集。

内容运营中的"运营"指的是系统的运营工作，包括选题规划、内容策划、形式创意、素材整理、内容编辑、内容优化和内容传播等。换言之，内容运营工作需要的是体系化的思路和完整的运营流程，而不是偶尔撰写一两篇阅读量高的文章。

内容运营对于新媒体运营的整体效果起着至关重要的作用。

(1)内容运营有助于提升产品知名度

产品本身不会说话,需要内容进行表达。用户在使用产品之前,只能通过企业官网或微信公众号等渠道浏览产品介绍、品牌新闻、用户反馈等内容进而了解产品。

因此,优质的内容、精准的内容推送、多平台的内容宣传,可以让更多用户接触到产品信息,从而提升产品知名度。

(2)内容运营有助于提升营销质量

企业新媒体运营最终是为了转化,让用户愿意为产品付费。但如果把内容运营看作一场球赛,那么在射门之前必须有传球、盘带等过程。高转化率的文章或高参与度的活动只是转化工作的"临门一脚",在此之前需要进行更多铺垫。

因此,高转化率的新媒体内容运营并不只是写好一篇文章或做好一场活动就能完成的,它需要建立在长期扎实的日常内容运营工作之上。

人民网公众号在二十大后迅速发表文章帮助公众领会二十大主旨内容,如"二十大报告这些话,鼓舞人心";"9个数字!带你速读二十大报告":一个中心任务、第一要务、"两步走"战略安排、归根到底是两个"行"、三个"务必"、十年来经历了三件大事、五项重大原则、五个"必由之路"、六个"必须坚持"。

(3)内容运营有助于提升用户参与感

用户的参与感来自持续互动。设计具有话题性、创新性的新媒体内容,会引导用户参与互动,提升用户的参与感。

例如,2017年"双十一"前夕,某购物网站微博发出一条互动内容:"天气那么好~大家一起来……看看你们都买了啥。"

微博发出后,粉丝纷纷晒出自己的订单,与商家展开互动。

此条微博获得了1 100余条互动评论与转发。在距离"双十一"半个月左右的时间,该购物网站微博连续发出互动内容,至少达到了两个目的:

第一,提前聊购物,为"双十一"预热。

第二,引导晒订单,提升用户参与感。

当进行相关策划时,可以参照主流媒体的一些做法。人民日报通过人民网"领导留言板"开设的"我为党的二十大建言献策"专栏推出后,"听民声""汇民智"成各处评论区高频词,各界群众表达了强烈的参与意愿。

4. 活动运营

活动运营指的是围绕企业目标系统地开展一项或一系列活动,包括阶段计划、目标分析、玩法设计、物料制作、活动预热、活动发布、过程执行、活动结束、后期发酵及效果评估等全部过程。

在新媒体运营工作中要重视活动运营,是因为活动运营具有快速提升运营效果的作用——微博发布、微信公众号发文、产品数据分析等日常工作,可以使企业新媒体稳定运营;阶段性开展新媒体活动,可以使运营效果在某个时期内快速提升。

例如,某刚起步的微信公众号,在做好每天发文与互动等日常工作的基础上,日"增粉"约20个;在举办一场持续数日的微信活动期间,日"增粉"约400个,为平时的20倍。

为深入学习贯彻党的二十大精神,人民网启动"学习党的二十大精神"线上答题活动,测试题目十分丰富,涵盖了党的二十大报告,网友不仅可以通过在线答题模式反复学习相关知识,还可以分享答题成绩海报参与互动。

理解活动运营,重点是理解目标、系列、完整三个关键词。

(1)目标

活动运营必须紧密围绕企业目标,如提升新品曝光度、提升产品销量、提升品牌美誉度等,否则即使活动过程火爆、参与人数多,也会在活动后进行效果评估时,结果数据与目标不匹配而使活动效果减分。

(2)系列

新媒体活动多数情况下以"系列活动"的形式出现,一方面,活动需要系列化,每个活动之间要有衔接;另一方面,活动自身具有系列化特征,一场大型活动本身包括预热活动、正式活动、发酵活动等小活动。

(3)完整

活动运营不仅是发布一篇活动文章、撰写一条"转发抽奖"微博,而是包含三个阶段十个环节,如图2-1所示。

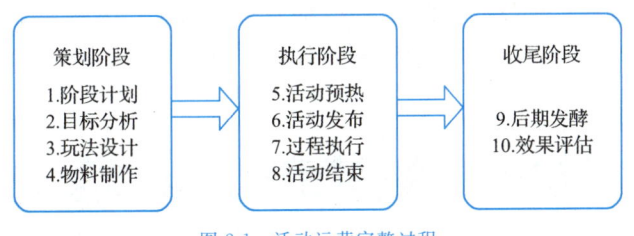

图2-1 活动运营完整过程

2.1.3 新媒体、微媒体、自媒体的区别

在互联网上,新媒体、微媒体、自媒体等名词经常出现。例如,有人把微信、微博归为微媒体,但也有人将其归为自媒体。其实新媒体、微媒体、自媒体三者之间既有区别,也有所关联,很难把它们看成独立的概念。

自媒体的概念是由波曼和克里斯提出的,其定义为:"大众通过数字技术与全球信息体系相联系,然后通过分享让别人知道你要传达的新闻或事件。"微媒体的定义为:"由许多信息发布点组成的网络传播结构。"

可见,自媒体、微媒体都是新媒体的子集,只是自媒体被定义为一种传播信息的途径,发起者是普通大众,主要目的是和他人分享;微媒体被定义为一种由信息发布点组成的网络传播结构,其更注重平台。

在这三种媒体中,最为便捷的是自媒体。人们只要在微信上注册账号,就可以把信息传递出去。很多时候,人们把自媒体当作展示自我或娱乐大家的平台。例如,上传自己的生活照,发一些搞笑的视频等。只有那些很有影响力的自媒体才会被商家选中,与其进行商业合作,将自媒体的粉丝转为自己的用户。如今,许多企业都与自媒体"大V"合作,不仅影响范围大,还节省了广告费用。

故宫文化珠宝曾与时尚博主合作。在创作过程中,相关部门充分借鉴时尚博主的创意,经过长时间打磨后,成功推出几款产品。这些产品只有400件,价位为399~699元,产品上线后仅20分钟就售罄。同时,故宫文化珠宝还与该博主联手打造"手账",上线不到30分钟就卖出近1万册。

相对于传统广告宣传来说,自媒体最大的优点是推广者很可能是某个领域内的意见领袖,他们不仅有足够的创意和经验,还有大量粉丝,可以使运营者输出的内容更加时尚,而且充满个性。在故宫文化珠宝与时尚博主合作的案例中,时尚博主一改故宫以往庄严、贵重的风格,换成了更受年轻人喜爱的动物形象,并且价位也十分亲民,所以才能取得很好的销售业绩。

在为"手账"设计封面时,该博主设计了很多样式,然后放到自己的公众号上让粉丝投票选出最适合的一款,其中一些修改意见也来自粉丝的反馈。可见,自媒体不仅能为用户提供内容,还能调动他们的参与热情。

如今,自媒体是许多商家和个人都很喜欢采用的媒体类型。他们利用新媒体的多方平台,不仅可以发表自己对各种事物的看法,而且可以集中广大粉丝的智慧,让内容得到更好的传播。但是自媒体未必适合所有新媒体运营者,所以要根据自己的特点去选择媒体类型,才更容易实现预期目标。

知识链接

新媒体常见概念

刷屏:指一篇文章被很多人转发,导致浏览朋友圈的时候满屏都是这篇文章;还可以指微商连续发几条广告,同时发超过十次一样的语言或者表情等。

单钩:转载原创文章有一个可修改和可不显示来源功能,只点击可修改就是单钩。一般小号转载大号的文章是单钩。

双钩:参考单钩,两个都勾选就是双钩,一般大号转载小号的文章是双钩。

互推:互相推荐,一般具有相当粉丝体量的公众号会进行互相推荐以达到"增粉"的目的。

原创:表示文章完全是自主创作的,一般连续更文一周会收到微信官方的原创标签。

留言:随着原创功能的开启而开启,可以置顶,按照点赞数自动排序。

赞赏:微信为了鼓励原创用户而开设的功能,赞赏费用全部汇入用户微信钱包中。

调性:公众号的行文风格,整体展现出来的感觉。

风口:互联网发展的某种趋势,这种趋势会逐渐成为新的主流。

痛点:尚未被满足的而又被广泛渴望的需求。

做号:某些营销团队为了获得自媒体平台的暴利分成而恶意申请账号的行为。

洗稿:对别人的原创内容进行篡改、删减,抄袭其中最有价值的部分。

网感：由互联网社交习惯建立起来的思维方式，体现在捕捉热点、引发共鸣、发现趋势等方面的能力。

伪原创：类似于洗稿，一般是提炼别人的观点再加上自己的想法。

红利期：某个产品或某个趋势下的某段时期，市场大，回报高。

着陆页：打开网站之后第一眼看到的页面。

打开率：公众号粉丝直接从后台推送的消息中点开文章的人数占总粉丝数的比例。

2.1.4 新媒体运营和新媒体营销的联系与区别

1. 新媒体运营和新媒体营销的联系

（1）渊源相近：都是线下工作的线上变体

营销一词不是新媒体领域的专有名词，早在互联网诞生之前，市场策划、品牌推广、电话销售等与营销相关的工作就已经存在了。同样，运营一词在线下也早已存在，如地铁运营、工厂运营、饭店运营、企业运营等。

（2）价值相似：都是连接双方的重要桥梁

新媒体运营和新媒体营销都是连接产品与用户的桥梁。

①从产品到用户。新媒体运营和新媒体营销都需要充分挖掘产品特色，并将产品优势呈现于互联网，从而使用户在线上就能了解企业的产品。

②从用户到产品。新媒体运营和新媒体营销都需要定期整理用户的意见，随后与产品团队沟通，持续改善用户体验。

（3）细节相交：具体工作有大量重合部分

①新媒体运营和新媒体营销在职能上有重合。大量企业的新媒体部门通常只有文案、设计、推广、客服等岗位，这类岗位既是新媒体营销岗位，又是新媒体运营岗位，二者在此处没有严格的区分。

②新媒体运营和新媒体营销在具体工作上有重合。例如，某服装公司打算策划一场微信活动，销售新款T恤。该活动不能被笼统地概括为运营活动或营销活动，因为其既包含营销动作（挖掘新品卖点、确定T恤定价等），又包含运营动作（设计预热海报、撰写公众号文章等）。

2. 新媒体运营和新媒体营销的区别

（1）侧重区别：营销向外，运营向内

新媒体营销偏向对外的工作，尤其是与用户打交道，想方设法达成营销目标。因此，营销者需要围绕营销进行定期的用户分析、用户跟进、产品分销策划等工作。

新媒体运营偏向内部工作，运营者的日常工作包括账号管理、矩阵设计、选题规划、内容推送、数据分析等。

（2）思维差异：营销策略制胜，运营细节为王

企业营销工作的关键是策略及顶层设计，优秀的营销策略是营销成功的前提。例如，

某产品在进行营销工作之前,先制定了"集中资源,集中发力"的策略,并要求各地办事处遵照此策略倾尽所有"猛砸"广告,对消费者进行深度说服,这也成为该产品顺利进入全国市场的关键一步。

企业运营工作的关键是把控细节。如果设计出优秀的营销策略却不注意细节,很有可能出现如海报忘记加二维码或软文网址写错等问题,使运营效果大减。

(3)导向差别:营销结果导向,运营多重导向

新媒体营销工作的效果可以通过一系列营销结果数据直接评价。评价新媒体运营工作效果的标准更多:除了对营销结果数据的考量外,还包括用户数据、内容数据等;不仅要考虑短期指标,也要考虑对节约运营成本有价值的长期指标。

例如,某公司新媒体部门对新媒体营销工作与新媒体运营工作进行考核时制定了详细的考核指标:销售率、转化率、好评率、点击率、阅读量、推荐数。

2.2 掌握新媒体用户消费行为特点

2.2.1 新媒体用户群体的心理特点

一名合格的新媒体运营者必须了解目标用户群体的心理特点,他们的情绪里藏着商机,但也充满危机。若是运营者创作的内容违背了目标用户群体的价值观或情感倾向,那么目标用户群体很可能离运营者而去。为此,运营者应该注意目标用户群体常有的消费心理。

1. 求美心理

大多数用户在选购产品时会倾向于工艺精美的产品,甚至被美丽的外观所吸引,有些甚至会舍弃对功能的部分要求。

2. 求新心理

喜欢新媒体的用户大多喜欢新潮而时尚的产品,如果产品缺少时尚元素,那么他们可能很难对内容或产品产生兴趣。

3. 求利心理

所谓求利心理,一是指物美价廉,二是指实用,大多数用户都会喜欢物超所值的产品。如果只是物有所值,可能很难给用户带来良好的使用体验,他们有可能去其他商家购买产品。为此,运营者可通过下调产品价格或提供免费服务来赢得用户。

4. 从众心理

尽管目标用户群体对产品有独特的需求,但是在自身所属的圈子内依然会有从众心理。有些用户并不知道什么样的产品适合自己,所以会跟风采购,并认为大多数人选择的产品不会差,还有一些用户会选择紧跟潮流。

5. 自尊心理

当下,消费者购买产品不只看质量,还要看销售人员的服务态度。若销售人员真诚热

情,就算产品不够理想,消费者也可能因对方的态度作出购买的决定。反之,若销售人员对消费者态度恶劣或用语不当,消费者很可能觉得自尊心受到伤害,不仅不会购买产品,甚至还会直接拉黑商家。

一个新媒体运营者在网上做问卷调查时,得知一个用户是建材经销商,就建议对方购买自己的产品,被经销商拒绝后,他很生气地说:"说了这么多,你也不买,你就差这么点钱吗?"经销商没有回话,因为他已经从心里拒绝了该产品。当然,实际上他可能也并不需要该产品。

案例中的经销商不购买该产品,不仅是因为不需要,还在于运营者的态度有问题。运营者的话语像是在说建材经销商小气,这样会伤害到对方的自尊心。为何不换种说法呢?如"先生,您现在用不上,以后或许会用,何不准备一个呢?像我们这么超值的产品可不多。"如此一来,对方也许会考虑购买该产品。

6. 隐私心理

一些目标用户不愿意让别人知道自己购买了什么,因此他们会挑选人少的时段快速购买自己需要的产品。这就要求运营者要经常在线,这样才能及时跟用户交流,随时了解用户的潜在需求。

7. 偏好心理

运营者找到目标用户群体后,一定要熟知用户的偏好,因为人们更愿意为自己喜欢的东西买单。例如,有的用户喜欢复古的产品,运营者了解其喜好后再引导其购物时就会相对容易。

想要抓住用户很不容易,因为大多数用户的心理不易被猜测。因此,新媒体运营者必须对目标用户群体进行认真研究,找到他们心中最重要的需求,这样才能采取更有效的营销方式。

2.2.2 如何了解用户消费行为

1. 明确用户属性

每个新媒体运营者都懂得"以用户为中心"的经营理念,但是要真正做到这一点并不容易。例如,我们一般认为用户最注重的是质量,其实用户很可能更注重外观。新媒体运营者要是不了解用户属性,就很难实现自己的预期目标。因此,新媒体运营者必须先弄清用户属性。

构成用户属性的要素主要有年龄、身份、情感、知识构成等。在这些要素中情感对用户属性的影响最大,它包括一个人对待事物的立场、价值观、情感导向、兴趣爱好等。若是用户在情感上不能接受你的产品,你推荐得再巧妙都是无用的。所以,新媒体运营者要选择能够认同自身情感属性的用户,才能保证产品适销对路。

拓展学习 需求变变变

此外，新媒体运营者也不能忽略用户的身份、年龄、知识构成等。例如，商家为我国南方城市20岁左右的年轻人推荐保暖防滑鞋，就算用户再认同你的产品，但是他们本身不需要，因此运营者的营销毫无效果。反之，运营者对用户有了全面的了解，挑选的产品才能满足大多数用户的需求。

例如，某网站把主要用户锁定为20～30岁的年轻人，产品主要是书籍，书籍的内容秉承有料、有趣的原则。"有料"是指要敢于谈论一些热点话题，如年轻人的婚姻观、大学生就业、是否应该在一线城市做"房奴"等问题。关于是否在一线城市做"房奴"的问题，他们先从投资的角度分析利弊，然后再从人性的角度阐述有无必要。阐述热点问题的书有很多，但是像此网站阐述得这么全面的却不多，所以该网站才能在强劲对手的合围中生存下来。该网站按照用户属性去挑选书籍，不仅受到用户的欢迎，还能帮助用户节省在线上或线下挑选图书的时间，因此在不降价促销的情况下也能取得很好的销售额。

有的运营者会说："我没有丰富的知识，是不是就不应该把用户设定为有文化修养的年轻人？"其实，绝非如此，有文化品位的年轻人会有很多爱好，如汽车、摄影、时尚、旅游、编织、烹饪等，运营者可以从中挑选产品。

运营者了解了用户的喜好以后，一定不要忽视对方的消费能力。以家电为例，如果目标用户中大多数用户是工薪阶层，就不要推荐高端产品，他们的购买力很可能不足。就家电外观来讲，工薪阶层大多喜欢简单、大方的产品，运营者选品要回避复杂、奢华的产品。也就是说，产品的属性要与用户属性相匹配。

运营者只有了解用户属性，才能在内容和产品上做到精准推送。此外，在策划活动上，围绕用户属性进行，也能获得良好的效果。

2. 为用户特征画像

为用户特征画像与明确用户属性相比，是更加精细化的分析过程。除了要了解用户的年龄、身份、兴趣爱好、知识构成等显性要素外，还要认真研究某些隐性要素，这样才能全面了解用户的特征。

(1) 使用产品的习惯

用户使用产品的习惯主要包括更新产品的频率、使用产品的高峰期、使用产品的次数、使用产品时的特殊习惯等。

2018年夏天，某省的几个城市出现了前所未有的高温天气，几家电器商场里的空调出现了脱销现象。运营者想要大量补货，但营销专员却认为没有必要，理由是持续高温的时间很有限，一些潜在用户很可能选择"撑过去"；许多用户只是在天气最热的时段使用空调，用户黏性还不够。运营者听取了营销专员的建议，只是小批量补了一些货。果然，用户的购买量在高温天气过后急速减少，小批量补货的措施很好地避免了产品积压问题。案例中的运营者要是不听从营销专员的建议，很可能大量补货造成产品积压，这就是运营者需要研究用户使用产品习惯的原因。就该省的地域特征来看，大多数人使用空调只是出于防暑或御寒，因此空调的使用率不高。运营者根据这一情况，不仅能预测进货的数量，还能围绕用户的需求，设计产品的功能和造型，对产品销售有全方位的帮助。

用户购买产品的目的决定了他愿意为之付出的成本。运营者的产品要是能够符合用户的需求,销售则相对容易。例如,用户有运动的意愿,运营者向他推荐运动鞋,他就比较容易购买。

此外,许多用户购买产品都有一个核心需求——追求实用或追求心理满足。运营者一旦抓住了用户的核心需求,说服用户购买产品就不难了。有一家辅导机构在微信上做推广,广告词为:我们没有"包过"的承诺,但是我们有专业的教师为你保驾护航,让你的复习不再毫无头绪。许多同学最需要解决的问题就是不知道该怎么复习,看到该机构有合理的复习方案,当即选择报名。

"包过,不过退费"是许多辅导机构的承诺,但真正实现起来却很难。案例中的运营者不说"包过",而是强调教师的专业性,强调实用有效的复习方法,这是一种更能让用户信任的说法。在学习上有专业的教师辅导,最后是否成功,就与学生是否努力直接相关了。

运营者综合分析用户显性方面和隐性方面的数据后,可以从中提炼出用户群体的共同要素,并将其用关键词来代替。例如,你调查的用户是"90后",那么用来形容他们的关键词有个性化、脑洞大开、创意十足、娱乐至上等。新媒体运营者要准确记录关键词出现的频次,才能用最简短的语言概括用户的群体特征。当用户画像完成以后,运营者就应该以它为依据制订运营规划。如果用户画像依旧不能指出努力的方向,很显然是用户画像还不够精细,需要重做一遍。

(2)上网习惯

互联网时代,想要抓住用户特征,必须了解用户的上网习惯。例如,用户在什么时间段上网、每天上网花费多少时间、什么原因上网等。假如用户上网的原因是玩游戏,那么运营者向他们推荐美妆产品,很可能是白费力气。

(3)用户偏好

许多运营者对用户的了解只局限于喜好这一个层面,没有深入到偏好层面。例如,运营者知道用户喜欢手机,但是对用户喜欢的品牌、外形、功能、购买方式等却一无所知,那么运营者提供的产品可能就很难会让用户满意。再如,许多中年人更喜欢屏幕大的"千元机",而不是价格昂贵的高端手机。运营者只有了解用户的偏好,才能给产品设计更好的定位。

3. 抓住目标用户

一些新媒体运营者说:"我推送的内容幽默风趣、中肯客观,但是无法吸引所有人。"究其原因,就是用户群体被细分了。以微博为例,无论运营者的观点多么理智,都会有不喜欢的用户,且和喜欢的用户呈现出相互对立的态势。因此,运营者必须记住,要找到那些最适合的目标用户群体来用心经营。

拓展学习 你有FREESTYLE吗——消费者个性

知识链接

新媒体运营岗位职责

以下是某公司新媒体运营岗位职责。

1. 负责自媒体(包括公众号、微博、小红书、百家号、抖音、视频号、快手等)社交平台的建设、运营与管理,进行日常主题策划、内容撰写与发布、粉丝互动维护等工作。

2. 负责对外宣传新闻稿和宣传小视频的内容规划及生产发布,运营维护积累更多的粉丝,将公域流量引入私域流量池。

3. 策划用户活动,进行社群裂变和活动推广,提升用户黏性,配合市场营销节奏,满足与业务需求有关的活动策划执行及内容推送。

4. 负责抖音、视频号、快手等后台运营管理,包括推广引流、达人合作、产品维护、直播场控、订单统计等。

2.3 新媒体运营策划内容

新媒体运营策划是一个涵盖面广的工作领域,其本质是与互联网相关的工作,所以它的内容是非常灵活和多样化的,大致可以分为以下几个方面:

1. 方案策划

在新媒体运营工作中,策划是最为基础和关键的环节。策划需要先了解用户需求和市场情况,分析目标人群,制订切实可行的策略方案。在策划过程中,涉及营销、广告、传媒、公关、技术等各个方面,因此策划人员需要有较强的综合能力和跨界思维。

2. 内容生产

内容是吸引用户的核心,因此新媒体运营策划者需要制定和执行网络营销内容策略,包括文字、图片、视频等各种形式的创意内容的创作和制作。优秀的内容必须有吸引人的标题、新颖的思维方式和有趣的表达方式等。此外,为了适应不同平台和用户,内容的风格和呈现方式需要不断调整和完善。

3. 社交互动

新媒体是一个重要的社交平台,在这里人们能够分享信息、互动交流,因此社交互动也成为新媒体运营策划的重要工作之一。这需要运营人员引入一些软件、游戏、抽奖等活动,吸引网友的注意力,提高用户互动率,增强用户黏性和忠诚度。

4. 搜索引擎优化

搜索引擎优化是指通过合理而有效的手段,提高网站在搜索引擎中的可见性和排名。新媒体运营者需要了解搜索引擎的工作机制,制订适合客户的搜索引擎优化方案,并组织推进实施,从而提升网站的流量和转化率。

知识链接

SEO 与 SEM

搜索引擎优化(Search Engine Optimization,SEO)和搜索引擎营销(Search Engine Marketing,SEM)是做独立站推广时常用的方式,并且两者的目标是一致的,都是通过搜索引擎获取精准的搜索流量,从而实现更多转化。但是仍然有很多人对这两种方式各自的特点认识不清晰,在做独立站推广时不知该选择哪一种。

SEO 指的是利用搜索引擎的规则,通过对网站进行内外部调整和优化,提升网站的自然排名,主要是通过技术手段来获取搜索流量的。

SEM 指的是基于搜索引擎平台的网络营销,利用人们对搜索引擎的依赖和使用习惯,在人们检索信息时将信息传递给目标用户,主要是通过付费广告手段来获取搜索流量的。

1. SEO 和 SEM 的相同点

(1)帮助品牌网站获得更好的排名

SEO 和 SEM 的共同目标之一是帮助品牌网站在搜索结果中获得更好的排名。

(2)为网站引流

虽然两者的目标都是在搜索结果中有更好的排名,但最终目的是引流。其方法都是通过增加"点击通过率",让用户点击搜索结果访问网站。

(3)执行前需要了解网站用户

这两种方法要取得成功,都必须了解用户和他们的习惯,用户画像和用户心理分析就是很好的方法。了解用户、知道用户的需求,才能对应地创作出更有价值的内容,在用户需要的时候得以显示。

(4)应用关键词调研,覆盖受欢迎的搜索词

采用 SEO 和 SEM 的第一步,都是关键词调研,包括查阅关键词的受欢迎程度,以此来判断目标用户会搜索什么关键词。此外,还要了解关键词的竞争程度,了解竞争对手正在优化哪些词,自身又应选哪些词来优化。

(5)需要不断测试和持续优化

无论是 SEO 还是 SEM,都没有一蹴而就的推广方法,都需要持续测试、监测、优化,不断提升网站整体表现。

2. SEO 和 SEM 的不同点

(1)搜索结果展示

最明显的不同是,SEM 的搜索结果会有"广告"标志,SEO 没有。仔细观察会发现,SEM 结果有广告资讯,如一些额外的链接、电话号码等,SEO 只是一些精选摘要,并且与搜索意图相关。

(2)费用

SEM 的结果是付费排名,所以每次用户点击都会收取一次广告费。如果关键词竞争激烈,一次点击会花费几元甚至十几元。因此,持续展示 SEM 广告需准备一定的广告预算作为引流费用。SEO 则不需要。

(3)周期

SEO 优化通常是依靠技术手段来提升排名,至少需要 1~2 个月才能有明显效果。SEM 主要是投放竞价广告,付费开户审核资质通过后关键词就可以上线,只要预算足够,1~2 天就能快速见效。

(4)覆盖范围

SEM 结果只对目标用户展示,SEO 结果对所有人公开。如果想要网站曝光在特定人群面前以提高转化率,可以选择 SEM。SEM 可以进一步筛选地域、年龄、兴趣等,符合条件的用户才会看到广告。

SEO 对所有人开放,只要网页符合客户的关键词,就有可能被展示,只是通常结果会排在 SEM 之后。

(5)排名稳定性

通过 SEO 提升的排名,只要网站打好基础、维护得当,排名的稳定性会随着时间的延长而引入越来越多的自然流量。

SEM 的有效时间在于付费时间,而且如果别人出价比你更高,你的排名就会下降,一旦停止了广告展示,SEM 策略也就停止了。

(6)流量精准度

SEO 是自然排名,用户通过搜索关键词主动进入网站,用户意图明确所以流量的精准度更高。

SEM 无法排除恶意点击的行为,虽然增加流量见效快,但是精准度相对较低,所以跳出率普遍比较高。

(7)用户反馈测试

SEM 比 SEO 更适合测试用户。SEM 可随时开始和结束,具有很好的测试环境。运营者可以随时修改广告语,更换目标用户群体,修改登录页的内容,以测试产品或者促销方案的有效性。

5. 数据分析

在新媒体策划过程中,数据分析是一个很重要的环节。运营人员需要从各种网络数据中提取有用信息,并通过统计和数据分析进行信息挖掘与整合,以获得透彻的洞察和理解。这样做可以不断调整和优化策略和方案,从而提高运营效率和优化用户体验。

以上是新媒体运营策划工作的基本内容。当然,随着新媒体的不断发展,新的工作领域和任务也不断涌现。作为一名新媒体运营策划者,需要不断学习和更新自己的知识储备和技能,才能更好地适应并应对新的挑战和机遇,为客户带来更好的网络营销体验。

2.4 新媒体运营者的基本素质

随着新媒体行业的蓬勃发展，越来越多的企业开始设立新媒体运营相关岗位，新媒体运营从业者规模也随之快速扩大，整个行业发展态势良好。运营者应尽早制订自己在新媒体行业的职业发展规划，并对应企业对新媒体运营人才的能力要求，不断提升自己。

2.4.1 新媒体运营者能力清单

越来越多的企业通过新媒体运营实现品牌口碑传播、业绩增长等运营目标，所以企业对新媒体运营人才的需求也日益增长。新媒体运营工作对运营者文字表达能力、热点跟进能力等多项能力都有着较高的要求，所以运营者应该与时俱进地洞察企业对运营人才的能力要求，从而有针对性地进行学习和能力提升。

虽然每个企业在发布的职位信息中对新媒体运营岗位的岗位职责及任职要求的描述有所不同，但对其中的具体内容进行拆解及提炼后，会发现企业对这一职位有相似的能力要求。

1. 内容创作能力

内容是企业向用户传递信息的媒介，企业想在新媒体平台实现获取更多的流量、更高的产品销售转化率等运营目标，必须要有优质的内容作为基础，所以内容创作能力是运营者必须具备的能力之一。

各企业所处的发展阶段不同及企业间新媒体运营整体规划存在差异，所以各企业对运营者的内容创作能力要求可能会有所区别。例如，一些企业可能要求运营者能够编辑及发布图文、视频等形式的原创内容；一些企业可能已经有文案编辑等专门从事内容创作的人员，对新媒体运营岗位人员的内容创作能力要求就会适当降低。

即使企业配备了专业的内容创作岗位人员，运营者在新媒体运营工作中还是会不可避免地遇到一些与内容创作有关的工作，如撰写活动规则、制作简单的活动海报等。所以运营者必须着重提升自己内容创作能力，至少应该具备较强的文字表达能力，可以撰写简单的文案内容，并且能够进行简单的图片设计及视频剪辑，并在此基础上根据企业的要求不断进行内容创作能力方面的自我提升。

2. 平台运营能力

新媒体运营工作是围绕新媒体平台开展的，运营者需要熟悉企业目标平台的规则及特点，有针对性地进行内容的创作、发布及推广。不同企业可能运营着不同的新媒体平台，运营者可以重点掌握部分平台的运营方法并积累实战经验，同时对热门的新媒体平台要有所了解，并掌握绘制平台画像的方法。

3. 项目管理能力

项目是指运营者为了实现运营目标，通过各种运营手段进行一项短期或长期的工作任务，如策划一场活动、发布一篇推广文章、运营一个社群，这些都需要运营者进行项目管理。

项目的推进通常需要经过计划、沟通、协作、执行、反馈等步骤,运营者需要根据运营目标进行统筹和规划,保证项目的正常推进,并完成既定的项目目标。

4. 人际沟通能力

沟通在新媒体运营工作中非常重要。对内,运营团队一般由多名成员组成,运营者需要与多人共同协作完成运营工作,有效的沟通是团队工作效率的保证;对外,运营者需要与用户进行沟通,包括了解用户需求、收集用户反馈以及回复用户咨询、安抚用户情绪等与用户沟通相关的工作。

拓展学习　营销沟通123——营销人员沟通技能基本认知

5. 热点跟进能力

热点是指比较受广大用户关注或欢迎的新闻及信息。热点事件发生时,能吸引大量用户关注,企业在新媒体平台发布热点相关内容就有机会获取更多曝光的机会。

所以,运营者必须对热点有敏锐的洞察能力,并且能在众多热点信息中筛选出可以和品牌及产品建立联系的热点并进行跟进。

6. 数据分析能力

新媒体运营工作中包含数据分析的内容。运营者除了需要对活动数据、内容数据、用户数据等内容进行分析外,可能还需要对竞争对手数据、目标用户行为数据等进行分析。运营者需要具备一定的数据分析能力,能够完成数据的查找、记录及分析工作。

7. 用户洞察能力

运营者需要洞察用户的需求,绘制出精准的用户画像,才能围绕用户的需求和痛点开展新媒体运营工作。新媒体运营工作中的活动策划、内容策划和产品策划都是以洞察用户需求为开端的,运营者只有充分了解用户的需求,才能让设计出的活动、内容及产品具备吸引力,所以运营者必须具备用户洞察能力。

2.4.2 新媒体运营职业的发展路径

在企业新媒体部门,与运营相关的岗位通常有三类,分别是新媒体运营专员、新媒体运营主管和新媒体运营总监。

1. 新媒体运营专员

不同企业对于新媒体运营专员岗位的命名不同。在规模较小的团队中,专员岗位一般被称为新媒体运营专员、新媒体专员、运营专员、新媒体运营助理等;在规模较大的团队中,专员岗位被细分为用户运营专员、内容运营专员、活动策划专员、产品策划专员等,不同岗位所需的专项能力见表2-2。

表 2-2　　　　　　　　　　　新媒体运营岗位所需能力

岗位	所需能力
内容运营专员	账号运营、内容策划、内容选题、内容推广、内容数据等
活动运营专员	活动方案制订、活动细节策划、活动执行、活动效果分析等
产品运营专员	需求挖掘、产品内测、用户反馈、产品调优等
用户运营专员	用户分级、用户拉新、用户留存、用户促活等

2. 新媒体运营主管

新媒体运营主管需要负责整个新媒体部门,因此必须具备提升团队效率的能力,做好评估与拆解工作。所谓评估,即评估各项工作的意义,剔除无价值工作,将新媒体部门的重点工作放在对提升绩效有意义的事情上。

所谓拆解,即关注同行及互联网知名企业的最新动作,拆解其背后的方法及意义,将拆解后的优秀方法引入部门工作中。

3. 新媒体运营总监

新媒体运营总监作为新媒体部门的最高指挥官,其发出的指令将在一定时期内影响新媒体部门的整体工作安排。因此,新媒体运营总监必须结合企业整体的市场定位,设计出独特的新媒体运营思路并落实执行。成为新媒体运营总监后,有三个继续发展的方向。

第一,进入公司高层,作为副总经理,分管新媒体运营工作。

第二,跳槽到其他公司或其他行业,依然担任新媒体运营总监。

第三,加入创业团队,担任运营合伙人。

同步测试

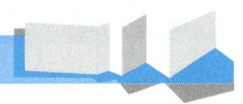

1. 单项选择题

(1) 以下不属于活动运营执行阶段的是(　　)。

　　A. 目标分析　　　　B. 活动预热　　　　C. 活动发布　　　　D. 过程执行

(2) 以用户为中心搭建用户体系、开发需求产品、策划相关活动与内容,同时严格控制实施过程与结果,最终达到甚至超出用户预期,进而实现企业新媒体运营目标。该描述属于(　　)。

　　A. 活动运营　　　　B. 用户运营　　　　C. 内容运营　　　　D. 产品运营

(3) 以下不是新媒体运营与新媒体营销区别的是(　　)。

　　A. 侧重区别　　　　B. 思维差异　　　　C. 导向差别　　　　D. 人员差异

2. 多项选择题

(1) 以下属于新媒体产品运营专员岗位所需能力的是(　　)。

　　A. 账号运营　　　　　B. 需求挖掘　　　　　C. 产品内测

D. 用户反馈　　　　　　E. 产品调优

（2）新媒体用户群体的心理特点有（　　）。

A. 求美心理　　　B. 求新心理　　　C. 求利心理

D. 从众心理　　　E. 求廉心理

（3）用户运营工作主要围绕四方面展开，包括（　　）。

A. 拉新　　　B. 促活　　　C. 留存　　　D. 转化

创业营销技能实训项目

了解新媒体运营岗位

[训练目标] 了解新媒体运营，熟悉该岗位应具备的基本能力。

[训练组织] 围绕"新媒体运营"展开搜索，搜集并总结新媒体运营岗位所需具备的能力。

[创业思考] 如何训练自己的新媒体运营能力？

[训练提示]

1. 在百度中搜索"新媒体运营"，查看并了解相关信息。

2. 在招聘网站中搜索"新媒体运营"，查看搜索结果中对该岗位职责的描述及任职要求。

[训练成果] 各组汇报，教师讲评。

案例分析

如何用微博吸引 152 万名"粉丝"？

一家传统特色的食品研发公司，在新媒体时代，决定用微博来进行营销，主推的产品有绝味鸭脖、夫妻肺片、香辣莲藕等。但是该公司没有新媒体运营的经验，于是管理者分析了 A 公司的微博运营模式，希望得到一些启发。

1. 分析对象的选择

该公司选择模板的时候，认为适合自己的才是最好的。该公司选择 A 公司，首先，因为二者都是餐饮公司，而且自己的公司也跟 A 公司一样，集产品研发、生产、销售于一体；其次，该公司的主要业务来自线下的加盟店，因此可以向 A 公司学习线上线下的联动运营；最后，A 公司自运营微博起已经积累了大量粉丝，其运营经验丰富，值得学习。

2. 拆分思路

该公司在新媒体运营上是零经验，所以对 A 公司的官方微博进行了拆分。先分析前两年的详细记录，然后在后几年的微博运营中找到共同规律。管理者之所以重视 A 公司前两年的记录,是因为这两年也是 A 公司微博运营的探索期。当公司步入正轨后,在运营上做些微调就可以了。

在这个拆分过程中,管理者看到了 A 公司的优势与劣势,然后有选择性地进行了学习。例如,A 公司早期在微博里采用过有奖赠送的办法,礼物为《里约大冒险》的玩具一个,还有免费的电影票。A 公司以此吸引顾客购物,具有很强的带动性。这正是该公司应该学习的方式。

3. 拆分成果

该公司详细查阅了 A 公司从 2011 年至 2013 年微博中的图片、文字、视频等,得到了以下分析结果。

(1)运营频率

A 公司的微博运营主要有三类:周期活动、阶段活动、年度活动。在这些活动中,A 公司宣传力度最强的是年度活动。例如,先后推出"金牌之旅""满分早餐"等活动,对用户的优惠力度十分大。周期活动的力度不及年度活动,通常是在一些固定的时间点推出固定的商品。例如,曾推出"纯牛肉纯爷们""霸气外露",这些都是牛肉汉堡;"黑白通吃"和"黑白我有型",这些是巧克力奶油汉堡。投入力度最小的是阶段活动。例如,国庆节、儿童节等,会推出一些短期活动,一般持续一周左右。

(2)主打内容

A 公司的官方微博在不同阶段、不同活动中,主打的内容各不相同。例如,2012 年奥运会期间,A 公司主推的是为奥运会助威活动。2013 年夏至后,推出"夜亮了"主题活动,活动持续一个月,主推产品是晚餐套餐。

A 公司主推的内容有三大类,分别是事件、食物、玩具。因为 A 公司是餐饮公司,最主要的内容还是食品,占推送内容的 60%。

4. 造势

A 公司无论推出新的活动还是发布新品,都会借力造势。例如,推出"愤怒的小鸟"玩具活动前,在微博上发文:"太可怕了! 就在一夜之间,已经有 50 多家 A 公司的美食被大盗偷跑了!"这样的广告很新奇,容易引起用户的好奇心。随后,A 公司在线下打造产品丢失的场景,吸引用户持续关注。最后 A 公司推出巨型弹弓、愤怒的小鸟等玩具。经过造势,A 公司制作的玩具一经推出就销售火爆。

该公司通过分析 A 公司的案例,获得了以下几点启示:可以先围绕当下的产品设计年度主题活动,如"麻辣年夜饭",以后随着新品的研发,再更改主题;推送的内容要分清主次,推送的渠道以微博为主。在产品上,以食物为主,附带礼盒、水杯等周边产品。在造势方面,可以借助线下加盟店打造场景,让用户产生神秘感,然后在微博上造势和宣传,为提高用户转化率做足准备。

阅读以上材料,回答问题:

案例中微博营销吸引粉丝的方法有哪些?思考每种方法的优势与不足。若你来改进,会从哪些方面入手?

第 3 章 遵循运营流程 体现运营思维

思维导图

本章学习目标

◆ **应用知识目标**

1. 理解新媒体运营常用思维；
2. 掌握新媒体运营流程。

◆ **应用技能目标**

1. 掌握新媒体运营常用思维；
2. 掌握新媒体运营工作流程。

◆ **创业必知知识点**

1. 了解企业新媒体运营团队构成；
2. 掌握新媒体运营流程。

案例导读

BB 母婴与 2 000 万个粉丝

BB 母婴粉丝量已超过 2 000 万个，网站月点击量超过 6 000 万人次，其移动端媒体平台月访问量接近 2 亿人次，平台借助大数据分析和用户画像，为广大用户提供产品和服务，实现了规模化营销。

1. 选品

BB母婴的主要用户为0~6岁婴幼儿的父母,还包括一些备孕妈妈。为了满足用户的要求,BB母婴严格选品,并自主研发新产品,尽力把用户体验做到极致。比如,BB母婴利用大数据研究母婴产品市场的稀缺点,研发出孕妇专用洗发水,使用过的孕妇都赞不绝口,并纷纷推荐给好友。它与某纸业品牌联合研发的无添加母婴纸巾,在用户中也有极佳的口碑。可见,严格选品和按需供应是形成口碑的关键。

此外,媒体平台能够为用户提供最适合自己的产品,且选择的产品既能盈利,还能符合用户的需求。BB母婴自主研发产品和自建平台,在生产上降低了成本,无须寻找第三方平台,不仅节省了中间费用,也节省了时间,所以产品有更高的毛利润;借助大数据分析用户的需求,能保证产品跟用户之间有很高的关联性;邀请许多育儿达人和母婴专家在平台上推送内容,文章不仅内容性强,还有超高的用户认可度;为了保证供货顺畅,在全球布局供应链,丰富的品牌产品足以满足用户的个性化需求。

2. 内容策划

在内容策划方面,BB母婴有微信小程序、视频、问卷调查等方式。BB母婴会在官方微博上展示与产品相关的视频,用户可以在微信小程序上购买经济实惠的产品,点击问卷入口就能答题,这样可提高用户下单的可能性。

在场景化营销方面,BB母婴也非常用心。例如,推送文章介绍孕妇可能在冬天遇到的问题,如手脚冰凉、易感冒等,然后在文章中介绍与之相应的汤,并把使用食材的配比、功效等介绍得非常清楚,这样可以激起用户的购物欲望。

在内容上,BB母婴可以准确发现家长的痛点问题。比如,小孩子手脚冰凉,有些家长就以为孩子着凉了,以为孩子打喷嚏就是感冒等,其实这些都是没有科学依据的,有时会因给孩子乱用药而引起皮疹、发炎等症状,后果很严重。可这样的事情,家长很难知道。因此,BB母婴输出的内容既常见又实用,必然会对用户产生很强的吸引力。

此外,BB母婴的许多内容获得了相关领域权威部门的认证,可以提高用户的信任度。同时它提供的产品也是婴儿常用的,如保暖内衣、小儿退热贴等。用户的支付手段同样很灵活,可选微信或支付宝。这些支付方式也符合当下用户的消费习惯,可以提高转化率。

在内容制作上,BB母婴以故事、情绪、关联和价值为原则。例如,一篇文章的开篇描述了这样的场景:有些妈妈会把孩子的衣服洗好几遍,明明已经很干净了,可是还担心不够干净,然而这样做反而会刺激孩子娇嫩的皮肤。这样的例子极具场景性,可调动用户的阅读兴趣。

此外,创作者在讲述如何解决问题的时候,会推荐一些针对此类问题的产品,并有细致的用法指导。这些内容都得到了巨大的关注量。

3. 销售转化

BB母婴有系统化转化机制,可覆盖多个平台,还有自制的小程序,能快速引流。在销售上,它实现了订单入口统一化,这样新媒体运营者可以通过数据对用户进行分析。此外,BB母婴上有医生、育儿达人等意见领袖,不仅能输出内容,还可以帮助平台打造完善的经纪人体系,对提高销售额帮助巨大。

3.1 新媒体运营的流程

俗话说，"磨刀不误砍柴工"，企业在进行新媒体运营之前也要做好一系列准备工作。只有这样，企业才能将新媒体运营得更好。本节主要介绍新媒体运营流程的相关知识。

3.1.1 企业新媒体运营团队的构成

企业要想进行新媒体运营，首先要了解新媒体运营团队的构成。一般来说，企业在拓展新媒体业务时，会成立相应的新媒体部门。虽然是以部门的形式呈现的，但是更确切地说它是一个团队。虽然整个部门由为数不多的人组成，但是每个人的分工都特别明确。新媒体运营团队的构成如图3-1所示。

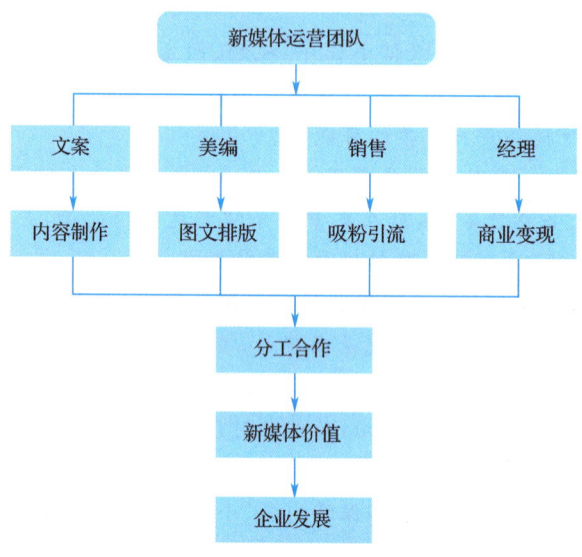

图3-1 新媒体运营团队的构成

3.1.2 新媒体线上与线下的配合流程

新媒体运营一般是通过线上线下的配合来完成的。线上运营者主要负责内容的制作、吸粉、互动、营销等内容；线下运营者则负责一些线下的推广活动，如海报宣传、线下活动、商业合作等。很多企业都会利用新媒体平台来对产品或服务进行线上线下一体化（Online To Offline，O2O）式的营销。

值得注意的是，对线上运营者来说，吸粉、互动很重要。然而，就线下推广而言，拥有一支较强的地推队伍，加强商业合作才是重中之重。

就新媒体的配合流程来看，它主要体现出的特点是线上线下配合的密切性。但是，线上线下工作的优先级是根据具体情况来定的。线上的推广需要线下的地推才能实现。但有时在线下营销推广之前,也需要利用新媒体平台预先发布信息,提前告知用户相关情况。由于互联网快速传播的特点,活动在举办之前需先进行线上的预热,这有利于快速地扩大活动的宣传推广范围。

3.1.3 新媒体策划运营流程

1. 前期准备

活动的前提是产品或服务能够解决用户问题,满足用户需求。要保证这个前提,需要在新媒体运营流程的第一个环节做好以下准备:

(1)用户研究

通过调研、访谈等方式,收集用户的年龄、地域、性别、兴趣等信息。构建目标用户画像,分析用户需求和诉求。

(2)产品分析

分析产品解决了哪些用户的需求,是如何解决的,结合用户调研的结果对产品进行优化,以便更好地满足用户的需求。

(3)竞争产品分析

收集竞品信息,分析竞品的营销模式和存在的问题,产品的相对优势和劣势。通过以上工作,可以在后续的运营中更准确地找到用户,并采取适当的措施与用户建立关系。这些也是新媒体运营的基础工作。没有这些基础工作,后续的操作就变得毫无意义。因为一个产品没有需求,它的结局注定是失败的。

2. 设定目标

在有了可靠的产品之后,就可以继续开展运营活动。新媒体运营流程的第二步是设定运营目标,并制订相应的计划。

(1)设定目标

一般来说,一个岗位的目标来源于其部门目标的分解,部门目标又来源于公司目标的分解。根据运营岗位的不同,通常会细化到文章阅读量、粉丝增长、活跃用户数、购买转化率等。

(2)制订计划

有了目标,就需要根据目标的内容来安排工作计划,通常要把目标中的某个指标拆解成月度工作安排,再拆解成周工作安排。合理安排工作计划是为了更好地实现工作目标。这里需要注意的是,如果没有历史数据作为参考,目标和实际结果可能会有很大出入。有时候需要调整计划,有时候需要调整目标,直到达到平衡。这个平衡参考的基准是,尽了最大努力之后,至少能达到目标的60%。

3. 内容生产

内容生产是新媒体运营的主要工作内容,内容生产环节在新媒体运营的工作流程中占据了最大的时间比例。在内容制作中,需要了解和掌握以下技巧:

(1)内容选择

内容选择的目的是让运营内容更好地吸引用户。话题分为两类,一类是用户长期关注的,称为"常青树"型;另一类是当前的舆论热点话题,称为"热点"型。"常青树"类型的选题,可以通过搜索引擎的自动填充功能知道用户关心什么,或者通过目标用户群聚集的各个平台上的数据监测,筛选出用户最关注的话题。有了"蹭热点"的选题,就可以利用相关工具,了解当前最热门的话题。

(2)内容呈现

呈现内容时,需要了解不同形式的内容创作,如文本、图片、视频等,并根据所选题目的内容选择最合适的呈现方式。此外,还需要掌握一些内容创作工具,如在线排版工具、图片编辑工具等。当然,制作内容的基础是你必须有一定的文案水平。

(3)内容交付

根据目标用户画像,选择合适的渠道/平台进行推广,要了解平台的推广特点,掌握推广账号的后台管理机制。

4. 数据监控

数据监控贯穿新媒体运营的始终,其功能主要体现在两个方面:

(1)用于内容制作

通过数据监测,可以筛选出目标用户对哪些话题和内容最感兴趣(阅读量),他们的阅读习惯是什么(咨询时间)。在后续的运营中,可以更加精准地进行内容的创作和推送。

(2)对于频道选择

目前新媒体平台有很多,并且各有各的优势,但运营者的精力是有限的,不可能用同样的精力对待每一个推广平台,这就需要通过数据监测找到推广效果最好的平台,进行重点维护。

3.2 新媒体运营的常用思维

在移动互联网时代,新媒体成了品牌推广和营销的重要渠道。要想在新媒体平台上做好运营,就需要掌握一些常用的思维模式和策略。

3.2.1 粉丝思维

粉丝思维主要体现在新媒体平台与粉丝之间的互动上。传统意义上的互动指的是一群人聚集在一起,通过脑力去解决某个问题,而移动互联网时代的互动则是指网络信息的双向互通。网络的特殊性改变了传统单向的信息流动方式,网络舆论的生成让企业可以看到用户内心的想法,每个人都是互动的主体,每个人都有属于自己的不同观点和意见。这些观点的交流和交融能够为新媒体运营带来全新面貌。

3.2.2　平台思维

平台思维实际上是一种"打造精品内容"的思维,即通过优质的、对用户有价值的内容吸引用户,留住用户。打造一个好的平台,除了要在内容上下功夫之外,还需要从排版、图片、文字等细节入手,通过舒适的版面、高清的图片和有质量的文字来吸引用户。

平台内也可以进行资源运作。资源运作是指当一个平台的粉丝量达到一定程度时,这些粉丝就可以成为一种资源,与平台成为利益共存体。这样的平台,不仅能够留住粉丝,还能实现平台和粉丝的利益最大化。因此,对于公众平台来说,平台思维是相当重要的。

3.2.3　营销思维

新媒体的营销思维很大程度上体现在内容的娱乐性上。移动互联网时代,消费者喜欢任何具备娱乐性质的事物。新媒体在运营时要抓住这个要点,打造一套创新的娱乐化新媒体营销策略。

娱乐化新媒体营销策略也是传播的一种手段,它主要是指企业在利用移动互联网进行新媒体营销的过程中,利用各种娱乐化元素,吸引消费者的目光,达到信息传播的目的。

娱乐化的新媒体营销策略主要表现在以下两个方面。

1. 娱乐精神

新媒体从业者在营销过程中要充分发挥娱乐精神,用创意思维为用户营造轻松的环境,打造具备娱乐精神的营销活动。

2. 制造好玩的事件

新媒体从业者需要注意的是,在营销内容上不要以严肃的、乏味的说教形式进行内容营销,而要制造好玩的事件,让用户狂欢起来,只有这样产品才能得到关注。

3.2.4　病毒式传播思维

病毒式传播是由受众自发产生的一种发散式、激荡式、扩散式的传播方式。新媒体从业者具有的病毒式传播思维其实就是一种"病毒"营销思维。这种思维方式有利于扩大辐射面、影响力,从而提高企业的知名度和美誉度。关于病毒式传播有以下建议:

(1)长篇文章更容易被分享,转发量也更大,应多发表一些篇幅较长、质量较高的文章。

(2)充满感情的内容更容易实现病毒式传播,这不仅可以让受众产生共鸣以获得情感体验,对企业来说也是一种情感营销的方式。

总的来看,新媒体运营需要掌握多种思维模式和策略,注重用户体验和数据分析,持续创新和调整策略,形成具有竞争力的品牌形象和市场优势。只有在学习和实践中不断积累经验,才能在激烈的市场竞争中取得成功。

新媒体运营

> **探讨与应用**
>
> 党二十大报告指出:"增强中华文明传播力影响力。坚守中华文化立场,提炼展示中华文明的精神标识和文化精髓,加快构建中国话语和中国叙事体系,讲好中国故事、传播好中国声音,展现可信、可爱、可敬的中国形象。加强国际传播能力建设,全面提升国际传播效能,形成同我国综合国力和国际地位相匹配的国际话语权。深化文明交流互鉴,推动中华文化更好走向世界。"
>
> 请同学们思考一下,如何借助新媒体平台推广自己的家乡呢?

3.3 茶产品运营实例

本节以茶产品为例,介绍新媒体运营全过程。

某农业生态发展有限公司,园地占地 1 000 多亩,是集种植、采摘、旅游及农产品深加工为一体的多功能复合型大型现代生态农业综合体。公司拥有优质茶园种植基地近 200 亩,种植、生产加工自有品牌茶叶系列产品,茶园全产业链达到有机产品标准。

3.3.1 定位

"茶园欢乐生活日记集",以茶园为主体和拍摄地,讲述茶园日常趣味生活,围绕茶园主人公发生的笑料拍摄视频并传播。视频中聊生活、聊文化等,并适当植入茶园茶文化、茶叶生产、茶文化讲解等,传播主题较为丰富。通过茶园主人公的故事,展示茶园环境、茶艺制作和茶文化等,传播品牌价值,提高品牌曝光率,实现引流转化。预设话题主要有茶园日记、喝茶的常见方法、原来茶是这么做的。

3.3.2 账号运营规划

年龄分布:20~50 岁

人群定位:喜欢喝茶的人群

目的:通过抖音等新媒体平台定位目标用户,获取客源,提高品牌形象;在抖音平台上制造热点,在短时间内让更多的人了解项目和企业文化。

1. 视频拍摄内容方向

热点型内容:追随平台热门内容,强调内容的新鲜性与活跃度;热点型内容无明确营销目的,主要以优质内容吸引受众对账号产生兴趣,以点赞量和关注量为核心指标。

标签型内容:品牌自我打造的连续性主题或活动,强调内容的个性化和系列化。标签型内容有一定的营销目的,以个性化内容使粉丝对项目保持关注和互动,以评论量和关注量为核心指标。

广告型内容:项目在关键营销节点发布的广告导向内容,强调内容的精美度和营销性。广告型内容有极强的营销目的,要将品牌或项目产品信息推送给目标受众,以曝光量为核心指标。

2. 视频拍摄内容规划

(1) 主题选择

茶园分享:茶园直播、茶序直播、饮茶之道分享等。

好物分享:粉丝回馈、特价专享。

上新预热:上新优惠活动、通过直播推荐新品。

官方活动:能提升品牌影响力、增强与消费者互动各类市场推广活动。

人设账号:茶园创业小姐姐(拟定)。

(2) 时长、时间段规划

直播时长:每次直播3~4小时,可以选择中午或者晚上开播,视频点击量增多后随时开播。

(3) 商品讲解

结合用户痛点展开讲解,让用户产生购买欲望;围绕产品优点进行讲解演示。

(4) 营销活动

粉丝福利时间:专门为回馈粉丝设置的时段,会推出优惠、赠品等福利,让粉丝收获满满,尽享特别待遇。

返场抢购时间:商品再次上架,供消费者在限定时间内抢购的时段。

(5) 提前开播测试

测试网速:确保网速正常、购物车及上下架等直播间功能正常。

设备调试:检查能否正常直播,镜头位置、灯管亮度、网络、话筒收声情况等,确保正式直播时不会出现意外。

茶产品视频内容见表3-1。

表 3-1　　　　　　　　　　茶产品视频内容

序号	视频方向	类型	内容
1	企业文化宣传	情感、正能量、励志	真人出镜拍摄,宣传企业相关文化
2	情景短剧	搞笑、欢乐	结合茶园相关文化,拍摄围绕茶园所发生的搞笑、欢乐等相关话题的情景剧,具有延续性,增加客户黏性
3	热点	趣味、创意	参与平台热门话题挑战,增加与客户互动
4	茶道小知识	讲述、传授、标签	茶园创业小姐姐给观众传达买茶的注意事项(可做系列)
5	特效、转场、V-log	炫技	抖音提供快放、慢放、倒放、节选段落循环播放等功能,通过技术流拍摄手法挖掘项目特色,吸引大众眼球
6	销售信息	硬广	项目销售节点宣传信息,提升销售信息曝光量

3. 抖音推广引流手段

(1) 兴趣点（Point of Interest，POI）详情页

企业号在成功认领 POI 之后，视频内可附带店铺地址，还能编辑包含商家头图、企业官方相册及优惠券等信息，从而能直观展示企业宣传内容。

(2) DOU+

用"DOU+"功能把视频定向推荐给精准人群，为引爆视频提供前期流量。

(3) 线上线下互补

优惠活动将线下种子用户吸引到线上，等线上粉丝积累到一定数量时，用卡券+POI等工具将流量吸引至线下。

(4) 卡券

发布内容对活动进行预热，并在抖音发放电子优惠券。用户到店后，引导其发布带有门店定位的抖音视频，加速其他用户种草。

同步测试

1. 单项选择题

(1)（　）在新媒体运营的工作流程中占据了最大的时间比例。

A. 目标确定　　　　　　　　　B. 活动预热

C. 内容生产环节　　　　　　　D. 数据分析

(2)（　）是指通过合理而有效的手段，提高网站在搜索引擎中的可见性和排名。

A. SEO 优化　　　　　　　　　B. SEM 优化

C. 拆解　　　　　　　　　　　D. 运营

2. 多项选择题

(1) 新媒体运营流程包括（　）。

A. 前期准备　　　　　　　　　B. 设定目标

C. 内容生产　　　　　　　　　D. 数据监控

(2) 新媒体运营的常用思维主要包括（　）。

A. 粉丝思维　　　　　　　　　B. 平台思维

C. 营销思维　　　　　　　　　D. 病毒式传播思维

创业营销技能实训项目

某汽车品牌新媒体运营策划

[训练目标] 选择一种汽车品牌，针对其产品进行新媒体提运营策划，使学生了解新媒体运营流程。

[训练组织] 学生每 6 人为一组，教师提供指导。

[创业思考]如何进行企业的新媒体运营策划。

[训练提示]教师可以在开始训练前要求学生按组成立公司,确立公司组织结构,制定公司工作目标。

[训练成果]各组汇报,教师讲评。

案例分析

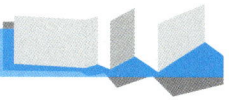

AB美妆品牌新媒体运营策划

AB是一个小众美妆品牌,于2016年正式成立,2017年在天猫开设了官方旗舰店。在美妆市场由海外美妆品牌占据大份额的情况下,AB凭借其全方位的运营策略异军突起,成为美妆品牌的新兴势力。AB在市场调查与消费者分析的基础上,确定了以内容为主导的新媒体运营策略,并分别通过不同的新媒体平台进行品牌推广,其中最主要的就是"小红书"这个生活分享平台。AB入驻"小红书"后从四个方面进行了品牌和产品推广:一是自产"笔记"("小红书"中的内容分享形式),以美观的店铺装修、专业的内容生产、趣味的美妆分享等吸引用户的注意;二是邀请普通用户发表他们的使用感受,通过生活化和真实的美妆应用来引起用户的共鸣,增加用户对品牌的信任;三是联合美妆关键意见领袖发表专业的产品测评和对比内容,以专业性来增强消费者的购买欲望,增加忠实用户;四是邀请了"小红书"中热爱分享的知名人士推广其产品,通过知名人士的粉丝效应和广泛传播力来扩大传播范围。全方位的运营策略打响了AB新媒体运营的第一枪,其用户数量和品牌知名度都得到了很大提高。

此外,AB还充分结合其他新媒体平台来进行运营,如在抖音、B站(哔哩哔哩)等发布短视频。这些短视频平台的用户数量巨大、消费力惊人,且其年轻化的用户特征也正好符合AB的主要消费人群。通过与短视频平台的带货"达人"合作,以视频来展示产品的特点,AB在美妆市场中的地位越来越稳固。"知乎"这个国内相对专业的知识问答平台,也没有被AB所忽略,它在"知乎"上以专业的态度解答用户对产品功效、实用性等方面的疑问;同时邀请美妆"达人"推广其产品,增加了用户的信任度。

当然,对微博这个聚集了流量与热度的新媒体平台,AB也加大了运营力度。AB邀请了关键意见领袖带话题发送图文、视频等微博,以专业内容营造热度,然后邀请知名人士代言,以知名人士的影响力扩大其知名度。全方位的运营使AB获得了很多忠实用户,其销量也逐年增加。

阅读以上材料,回答问题:

分析案例,总结AB有哪些新媒体运营思维。

第4章 了解创意理论 掌握创意方法

思维导图

本章学习目标

◆ 应用知识目标

1. 领会创意的内涵；
2. 理解创意的作用；
3. 掌握创意的方法。

◆ 应用技能目标

1. 掌握创意的方法；
2. 训练创意的思维方式。

◆ 创业必知知识点

1. 了解创意在新媒体运营中的作用；
2. 掌握创意训练的方法。

案例导读

2014年，曾经盛行的慈善行业创意推广案例"冰桶挑战"的规则是这样的：参与者要将一桶冰水从头浇下，不敢挑战者则要向肌萎缩侧索硬化症（Amyotrophic Lateral Sclerosis，ALS，俗称渐冻症）协会捐赠100美元；成功完成挑战者，公开点名3人参与挑战，被点名者要在24小时内完成挑战，不敢挑战者也要向ALS协会捐款100美元，如此传递下去。可以说"冰桶挑战"不只是一个好玩的游戏,更是一种公益募捐活动,目的在于资助ALS病人。这个游戏的背后是创意的作用,是慈善行业开展营销推广的经典案例。在2014年炎热的夏天,一桶桶冰水当头倒下。许多著名"科技人",不顾自身的狼狈频频参加"演出";紧随其后,这项活动成功跨越了太平洋,正式传入中国互联网圈。没有想到的是,冰桶挑战传到国内,出现的疯狂传播程度超过了其在美国的扩散和创新。在新时代做慈善,要想获得足够的社会影响力和募捐效果,就要进行形式创新,做一些"创意慈善"。

在"冰桶挑战"之前,美国ALS协会官网日平均访问量接近8 000人次。但在"冰桶挑战"后的4个星期内,这一数据发生了显著变化,日平均访问量骤升至63万人次,增长了7 775%。据接受捐款的ALS协会称,仅在美国就有170万人参与挑战,250万人捐款,总金额达1.15亿美元。有专家表示,ALS协会在很长一段时间内将不会再为"钱景"担忧了。

"冰桶挑战"风靡了全世界,让世界范围内的"渐冻人"都因此而受益,这就是慈善行业创意的力量。

思考

生活中的创意还体现在哪些方面?

4.1 了解创意

4.1.1 创意的概念

目前,关于创意的主要理论依据是弗洛伊德的潜意识学说。这种学说认为,人的意识可分为两种,即可控制的显意识和不可控制的潜意识。在不可控制的潜意识世界中,非逻辑与混乱占统治地位,经常有种破坏性的力量在肆虐,有时会跃入显意识世界,让人显得失常。

但是,潜意识一旦被显意识的秩序所同化,就会丰富显意识世界,这就是创意。

创意是经过思考而产生的。思考的依据来源于两个方面的资料:一个是一般性资料,即创作人员个人必须具备的知识和智慧;另外一个是特殊性资料,即创作人员对对象的了解程度。如果用一个形象的公式来表示的话,那就是 Ideas=Person(Knowledge+Information），即创意＝人（知识＋信息）。通常情况下，当创意者把一般性资料与特殊性资料融会在一起进行系统分析和研究时，就能在研究过程中产生创意。

综上所述，可以这样描述"创意"的概念：创意是思想、点子、立意、想象等新的思维成果，是创造新事物或新形象的思维方式，就其本质来说是一种辩证思维能力。

4.1.2　创意的产生

对于创意的产生，创意大师詹姆斯·韦布·扬认为创意也有规律可循，产生创意的基本方法有以下两种：

一是，创意完全是把事物原来的许多旧要素变成新的组合。

二是，创意必须具有予以事物旧要素新的组合的能力。

这里提到的组合能力，就是关联度，如果掌握了它，就可以让创意的产生像做加减法一样简单。

2001年，知名营销顾问艾略特·艾登伯格在《4R营销颠覆4P的营销新论》一书中首次提出4R营销的概念。

该理论以关系营销为核心，注重企业和客户的长期互动关系，重在建立顾客忠诚。

4R理论将营销归纳为四个要素：关联（Relevance）、反应（Reaction）、关系（Relationship）、报酬（Reward）。艾略特·艾登伯格认为，在营销中，关联代表着企业和用户是命运共同体，企业建立、发展与用户的长期关系，是营销范畴中最重要的内容。

亚马逊率先尝试在销售体系中融入关联营销的手段，这个号称"不符合商业领域几乎一切规则"的在线零售帝国，从西雅图的一家互联网书店起步，发展到如今拥有近万亿美元市值，其成功的背后不仅有科技带来的跨越式颠覆，还有营销思维迭代的影子。

关联营销在亚马逊体系中逐步完善成熟，最终被写进了亚马逊的成功教科书。在亚马逊的营销手段中，关联被称为"Frequently Bought Together"（经常一起购买的商品），其模式是根据买家的习惯，自动生成用户偏好，对应不同用户群体提高产品的曝光率，增加流量入口。

同时，在亚马逊的关联营销中，还衍生出互补关联、替代关联、潜在关联等多种关联方式，促使整个亚马逊的卖家体系不断寻找与用户偏好有关的信息，投其所好，让自家的产品出现在热门流量产品周边，实现电商圈的"蹭热点"。

知识链接

奥运会的点火方式

- 1984年洛杉矶奥运会：以"飞越太空"的方式将圣火点燃，由美国运动员约翰逊点燃了带有五环标志的火炬。这位在罗马奥运会上获得十项全能冠军的运动员乔传打扮成太空人"飞"过体育场，直接到火炬台点燃圣火，奥运五环熊熊燃烧表现出独特的奥运精神。

- 1988年汉城奥运会:"精神不屈"奥运会的点火仪式上,已经76岁高龄的孙基祯最后持火炬跑进主会场,点燃火炬的是舞蹈演员孙美贞、教师郑顺万和马拉松运动员金元铎。三人同时点火,使得汉城奥运会的点火仪式参与人数也创了一项奥运会"纪录"。
- 1992年巴塞罗那奥运会:巴塞罗那"一箭穿心"是奥运会开幕式上永恒的经典,它的精妙之处在于之前已经公开了用箭点燃圣火的策划,但由于这个计划本身存在的"隐患",引发了人们的好奇心。残疾人运动员里贝罗在巴塞罗那的夜空中将箭射向了70米远、21米高的圣火台。为做到万无一失,里贝罗在开幕式之前足足练习了3 000多次。这次冒险的点火没有借助任何现代手段,却绝妙地展现了人类原始的突破自我的奥林匹克精神。
- 1996年亚特兰大奥运会:亚特兰大"不老传说"奥运会点火仪式上,患有帕金森病的拳坛传奇人物穆罕默德·阿里颤抖地接过火炬,用一个慢动作点燃圣火。在火焰的映照下,他的面孔充满了坚毅,这一幕感染了全世界人民。
- 2000年悉尼奥运会:澳大利亚是一个和海洋息息相关的国度,澳大利亚人早在圣火传递时就别出心裁地进行了一次水底圣火传递。"水中生火"奥运会点火仪式上,运动员弗里曼身穿银色连体防水服从水中走出,点燃了潜伏在水底的主火炬台——准确地说是一个圈状的火焰圈。随后,这个火焰圈通过轨道上升至火炬台。四周瀑布飞泻,圣火光芒万丈,这幕水火交融的浪漫情景成为奥运历史上的经典之一。
- 2004年雅典奥运会:雅典"返璞归真"火炬台慢慢放倒,被点燃之后又慢慢立起,这种古朴的点火方式象征着奥林匹克重归故乡。开幕式的精华全部都集中在之前数小时史诗般的文艺演出上。
- 2008年北京奥运会:"同一个世界,同一个梦想"开幕式上,也许是李宁一生中绕运动场跑得最漫长的圈。主火炬台被点燃的那一刻,也许并不出人意料,但这克服重力、阻力而努力跨越的一圈,象征着中国在奥林匹克运动中艰难的历程,如同传说中的"夸父逐日"。这个夜晚,中国人以一种传说中的古老方式,表达了锲而不舍追求奥林匹克精神的深远意境。
- 2012年伦敦奥运会:由代表希望、充满阳光的七个体育青年点燃花瓣状的主火炬台,花瓣渐渐升了起来,最后成了一个火炬状。所有的铜花瓣上的火加在一起,一下子照亮了会场,照亮了奥运会的美好前途,同时也把不息的奥运精神传递给了世人。
- 2016年里约热内卢奥运会:由雅典奥运会男子马拉松铜牌得主范·德利马点燃了火炬台。奥运圣火在里约热内卢的夜空下熊熊燃烧,光耀四方。

4.2 拓展创意视角

对于创意思维来说,惯常定式是消极的,它使头脑忽略了定式之外的事物和观念。根据社会学、心理学和脑科学的研究成果,惯常定式似乎是难以避免的。它就像一副有色眼镜,戴上它,整个世界都与眼镜片的颜色相同;如果摘掉它,眼睛又无法看清外界事物。

通过科学的训练能够削弱惯常定式的强度,但不能从根本上解决问题。解决这个问题的另一条思路是,尽量多地增加头脑中的思维视角,学会从多种角度观察同一个问题。如果我们头脑中的有色眼镜确实是无法摘除的,那么我们干脆多准备几副有色眼镜,轮流戴上不同的眼镜来看待世界。

4.2.1 肯定-否定-存疑

1.肯定

思维的肯定视角就是,当头脑思考一种具体的事物或者观念的时候,首先设定它是正确的、好的、有价值的,然后沿着这种视角,寻找这种事物或观念的优点和价值。

2.否定

思维中的"否定视角"正相反,否定也可以被理解为"反向",就是从反面和对立面来思考一个事物,并在这种视角的支配下寻找这个事物或者观念的错误、危害、失败之类的负面价值。

3.存疑

对于某些事物、观念或者问题,我们一时也许难以判定,那就不应该勉强地"肯定"或者"否定",不妨放下问题,让头脑冷静一下,过一段时间再进行判定,这就是"存疑视角"。

4.2.2 今日-往日-来日

所谓往日视角,就是考察事物和观念的起源、历史和以往的发展,了解了事物的过去,才能更好地思索事物的当下,这是历史主义的基本原则。今天的事物总是从以往的事物发展而来的,但是今日和往日,其差别有时大到令人难以相信的地步,很难找到二者是同一种事物的痕迹。

来日视角,就是思索事物或观念的未来发展,预测它的发展方向和发展道路,并用预测的结果来指导我们的今日,指导当今对待它们的态度。在时间无情的流逝过程中,今天将要变为明天,但是它们之间的差别,有时却令人瞠目结舌。

探讨与应用

1. 若孔子从2 500多年前通过时间隧道来到现代都市,他会有何感想?
2. 以"假如生命倒流"为题,写一段话。

4.2.3 自我-他人-群体

1.自我

我们观察和思考外界的事物,总是习惯以自我为中心,用我的目的、我的需要、我的态度、我的价值观念、我的情感偏好、我的审美情趣等,作为"标准尺度"去衡量外来的事物和观念。

2. 他人

"他人视角"要求我们,在思维过程中尽力摆脱"自我"的狭小天地,走出"围城",站在"城外",从他人的角度,对同一事物和观念进行一番思考,发现创意的苗头。

3. 群体

任何群体都是由个人组成的,但是对于同一事物,基于个人的视角和从群体的视角往往会得出不同的结论。

> **探讨与应用**
>
> 以"假如我是老师"为题,写一段话。

4.2.4 无序-有序-可行

1. 无序

"无序视角"的意思是说,在创意思维的时候,特别是在思维的初期阶段,应该尽可能地打破头脑中的所有条条框框,包括那些"法则""规律""定理""守则""常识"之类的东西,进行一番"混沌型"的无序思考。

2. 有序

"有序视角"的含义是,在思考某种事物或者观念的时候,按照严格的逻辑来进行,透过现象,看到本质,排除偶然性,认识必然性。

3. 可行

创意的生命在于实施,必须实事求是地对观念和方案进行可行性论证,从而保证头脑中的新创意能够在实践中获得成功,这就是"可行视角"。创意者应该牢记——创新思维是一种习惯。要想拥有这种习惯,就必须要通过认真的学习,掌握各种创新思维方法,科学有序的方法才是成功的坚实基础。

4.3 掌握创意思维方法

贝尔那曾经说过:良好的方法能使我们更好地发挥运用天赋的才能。《伊索寓言》里有一个小故事:在一个暴风雨的日子,一个乞丐到富人家去讨饭。仆人说:"走开!不要来打扰我们。"乞丐说:"我只想进去在你们的火炉上烤干衣服就行了。"仆人心想这并不需要花费什么,于是就把乞丐放进去了。乞丐走进了厨房,向厨娘请求借给他一口锅用一下,这样他就可以煮点石头汤喝。"石头汤?"厨娘感到很奇怪,心想:我倒是要看看你怎么能用石头做成汤。于是她就把锅借给了乞丐。乞丐真的到路上拣了块石头,把它洗干净然后放在锅里煮。"可是,你总需要放些盐吧?"厨娘说,于是她给了乞丐一些盐,后来又给了他一些豌豆、香菜、薄荷等作为配料。最后,厨娘又把一些碎肉末也给了乞丐,让他放进了汤里。故事的结果就是,乞丐后来偷偷地把汤里的石头捞出来扔掉了,然后饱饱地喝了一锅美味的肉汤。设想一下,如果这个乞丐开始就对仆人说:"行行好吧,给我锅肉汤喝。"结果很可能就是他什么也得不到。因此,这个小故事的结尾处写道:"使用正确的方法,并且坚持下去,你就能成功。"

由此可见,创意的关键在于找出新的正确改进方法。创意是人们运用创新思维能力,以不同于常规的眼界,从全新的角度去观察和思考问题,进而提出解决问题的新方法的思维方式。创意思维所要解决的是实践中不断出现的新情况和新问题,因此要求创意主体要独具慧眼,能够提出新的见解,不断有新的发现,实现新的突破。始终相信任何事情都是有可能做到的,你的大脑就会想方设法帮助你找出解决方法。因为创意思维的特点是突破,所以面对实践中层出不穷的新情况、新问题,没有一成不变的成功经验可以借鉴,也没有绝对有效的方法可以套用。在此,本书只是列举一些比较常见的创意方法,希望能够起到抛砖引玉的作用。

4.3.1 头脑风暴法

头脑风暴法是一种从心理上激励群体创意活动的通用方法,是美国企业家、创意学家奥斯本于1938年创立的。

头脑风暴原是精神病理学的一个术语,是指精神病人在失控状态下的胡思乱想。奥斯本借用过来以形容创意思维的自由奔放、创意设想如暴风骤雨般激烈涌现的情形。

在我国,头脑风暴法也被译为"智力激励法""脑力激荡法""BS法"等。该方法在20世纪50年代于美国推广应用,许多大学相继开设头脑风暴法课程。其后,传入西欧、日本、中国等地,并有许多演变和发展,成为创意方法中最重要的方法之一。

该方法的核心是高度充分地自由联想,一般是举行特殊的小型会议,使与会者毫无顾忌地提出各种想法,彼此激励,相互启发,引起创意设想的连锁反应,产生众多创意,其原理类似于"集思广益"。其具体实施要点如下:

1. 头脑风暴法小组的组成

(1)设立两个小组

每组成员为4~15人,最佳构成为6~12人。

第一组为"设想发生器"组,简称设想组,其任务是举行头脑风暴会议,提出各种设想。第二组为评判组,或称专家组,其任务是对所提出设想的价值作出判断,进行优选。

(2)主持人的人选

两个小组的主持人,尤其是设想组的主持人对于头脑风暴法的成功是至关重要的。主持人要有民主作风,做到平易近人、反应机敏,有幽默感,在会议中既能坚持头脑风暴法会议的原则,又能调动与会者的积极性,使会议的气氛活跃。

主持人的知识面要广,对讨论的问题要有明确和比较深刻的理解,以便在会议期间能善于启发和引导,把讨论引向深入。

(3)组员的人选

设想组的成员应具有抽象思维能力、恣意幻想能力和自由联想能力,最好预先对组员进行创意方法的培训。评判组成员人选以有分析和评价能力的人为宜。两组成员的专业构成要合理,应保证大多数组员都是精通该问题或该问题某一方面的专家或内行。同时也要有少数外行参加,以便突破专业习惯思路的束缚。应注意组员的知识水准、职务、资历、级别等应尽可能大致相同。高级干部或学术权威的参加,往往会出现对他们意见的趋同或是一般组员不敢"自由地"提出设想的不利情况。

2. 头脑风暴会议的原则

(1) 自由畅想原则

要求与会者自由畅谈、任意想象、尽情发挥,不受常识和已知规律的束缚。想法越新奇越好,因为设想越不现实,就越能对下一步设想的产生起更大的启发作用。错误的设想是催化剂,没有它们就不能产生正确的设想。

(2) 严禁评判原则

对别人提出的任何设想,即便是幼稚的、错误的、荒诞的都不许批评。不仅不允许公开的口头批评,就连以怀疑的笑容、神态、手势等形式的隐蔽的批评也不被允许。这一原则也要求与会者不能进行肯定的判断,如"某某的设想简直棒极了!"因为这样会使其他与会者产生受冷落感,也容易造成一种"已找到圆满答案而不值得再深思下去"的错觉,从而影响创意的发挥。

(3) 谋求数量原则

会议强调在有限时间内提出设想的数量越多越好。会议过程中设想应源源不断地提出来,为了更多地提出设想,可以限定提出每个设想的时间不超过两分钟。当出现冷场时,主持人要及时启发、提示或是自己提出一个幻想性设想使会场气氛重新活跃起来。

(4) 借题发挥原则

会议鼓励与会者利用别人的设想开阔自己的思路,提出更新奇的设想,或是补充他人的设想,或是将他人的若干设想综合起来提出新的设想。

3. 头脑风暴法的实施步骤

(1) 准备阶段

准备阶段包括产生问题,组建头脑风暴法小组,培训主持人和组员,通知会议的内容、时间和地点。

(2) 热身活动

为使头脑风暴法会议能形成热烈和轻松的气氛,使与会者的思维活跃起来,可以做一些智力游戏,如猜谜语、讲幽默小故事等,或者出一些简单的练习题,如花生壳有什么用途?

(3) 明确问题

由主持人向大家介绍所要解决的问题。问题提得要简单、明了、具体,对一般性的问题要把它分成几个具体的问题。例如,怎样引进种新型的合成纤维?这种问题很不具体,这一问题至少应该分成三个小问题:第一,提出把新型纤维引入纺织厂的方法;第二,提出把新型纤维引进服装店的设想;第三,提出把新型纤维引进零售商店的设想。

（4）自由畅谈

由与会者自由地提出设想。主持人要坚持原则,尤其要坚持严禁评判原则。对违反原则的与会者要及时制止,如坚持不改可劝其退场。会议秘书要对与会者提出的每个设想予以记录或是现场录音。

（5）会后收集设想

在会议的第二天再向组员收集设想,这时得到的设想会更富有创意。

（6）如问题未能解决,可重复上述过程

原与会人员要从另一个侧面或用最广义的表述来讨论课题,这样才能变已知任务为未知任务,使与会者思路轨迹发生改变。

（7）评判组会议

对头脑风暴法会议所产生的设想进行评价与优选应慎重。务必要详尽细致地思考所有设想,即使不严肃的、不现实的或荒诞无稽的设想都应被认真对待。

下面介绍一个头脑风暴法会议的例子。

主持人：我们的任务是砸核桃,要求砸得多、快、好,大家有什么好办法?

甲：平常在家里是用手掰、用门掩、用榔头砸、用钳子夹。

主持人：几十个核桃可以用这些办法,但核桃多了怎么办?

乙：应该把核桃按大小分类,把各类核桃分别放在压力机上砸。

丙：可以把核桃粘上某种物质,使它们变成一般大的圆球,放在压力机上砸,用不着分类。

主持人：大家再想一想,用什么样的力才能把核桃砸开,用什么办法才能得到这些力?

甲：需要加一个集中挤压力,用某种东西冲击核桃,就能产生这种力；或者,相反,用核桃冲击某种东西。

乙：可用气枪往墙上射核桃,比如可以用儿童气枪射。

丙：当核桃落地时,可以利用重力。

丁：核桃壳很硬,应该先用溶剂加工,使它们软化、溶解或者使它们变得较脆,要使核桃变脆,可以冷冻。

主持人：鸟儿用嘴啄核桃或者飞得高高的,把核桃扔到硬地上。我们应该将核桃装在袋子里,从高处如在球上、直升飞机上、电梯上等,往硬的物体（如水泥板）上扔,然后把摔碎的核桃拾起来。

甲：应该挖一口深井,井底放一块钢板,在核桃树与深井之间开几道槽沟。核桃自己从树上摔下来,顺着槽沟滚到井里,摔在钢板上就会破裂。

乙：可以把核桃放在液体容器里,借助电,用水力冲击使它们破开。

主持人：如果我们运用逆向思维来解决问题,又会怎样?

丙：不应该从外面,应该从里面把核桃破开。把核桃钻个小孔,往里面加压打气。

丁：可以把核桃放在空气室里，往里加高压打气，然后使空气室里压力锐减，因为内部压力不能立即降低，这时内部气压会使核桃破裂；或者使空气里的压力交替剧增与锐减，使核桃壳处于变负荷状态下。

……

头脑风暴法作为一种依靠集体智慧提出新设想的创意方法，在诸多创意活动中都有着良好的应用效果，如科学发现、技术发明、技术革新、文艺创作以及合理化建议等方面都可运用它。

4.3.2 检核表法

为使发明创意的目标和方向性更为明确，促进设想的形成，奥斯本提出了检核表法。检核表法指的是在考虑某个需要解决的问题时，先列出与之有关的问题，制成一览表然后逐项进行检查、讨论、研究，以避免有所遗漏，从而获得解决问题的办法和创意的设想。

运用检核表法，人们可以根据检查项目，从各方面逐一思考分析问题，这样会使人的思维更有条理性，有利于比较系统和周密地思考问题，也有利于人们更为深入地分析问题，进而有针对性地提出更多有价值的设想。

目前，人们已经创意出许多各具特色的检核表法，但应用最广泛的还是奥斯本的检核表法，主要包括以下九个内容：

(1)现有的东西有没有其他用途？
(2)能否从别处得到启发？能否有其他的设想？
(3)现有的东西是否可以作某些改变？
(4)现有的东西是否可以扩大使用范围，增加一些东西等？
(5)现有的东西能否缩小或省略？
(6)可否用别的东西代替？
(7)从调换的角度考虑问题。
(8)从相反的方向考虑问题。
(9)从综合的角度分析问题。

据说在第二次世界大战期间，美国军队在兵工厂的工作中就运用了这种检核表法，他们先提出要解决的问题，然后根据要解决的问题提出了有关的一系列问题，如这为什么是必要的？应该在什么时候完成？应该在哪里完成？应该由谁完成？到底应该做些什么？应该怎样去做？等等。通过列举出问题，再逐一进行分析和解决，兵工厂的工作得到了很大程度的改善。

检核表法促使人们从多个角度出发考虑问题，不把视线局限在个别问题上或一个问题的个别方面，这种方法有很大的启发意义。在美国，许多企业将检核表法运用于管理领域，如为提高员工的创意，通用汽车公司给职工制作了检核单，其内容有：

(1)为了提高工作效率，可否利用其他适当的机械？

(2) 现有的设备有没有改进的可能？
(3) 改变滑轮、传送装置等搬运设备的位置或顺序，能否改善操作？
(4) 为同时进行各种操作，能否利用某些特殊的工具？
(5) 变换操作顺序能否提高零部件的质量？
(6) 能否用成本更低的材料取代现有的材料？
(7) 改变材料的切削方法是否能更经济地利用材料？
(8) 是否有更安全的操作方法？
(9) 能否去掉无用的形式？
(10) 现在的操作能否再简化些？

4.3.3　特性列举法

特性列举法是由美国创意学家克拉福德教授在1954年提出的一种著名的创意思维策略。它要求使用者在创意过程中通过对发明对象特性的观察和分析，逐一列举出其特性，最后针对每种特性提出改良或改变的方法。这种方法比较适合具体事物的创意和革新。

一般来说，要解决或革新的问题越小，越容易获得成功。例如，要革新一辆汽车，即便采用头脑风暴法，也很难得出新的设想，因为它涉及的方面太广泛了，很难一下子把握住问题，但是如果将汽车分成各个不同部分，如汽缸、轮胎、车身、内燃机等，这样就会比较容易提出新的构想，进而找到解决问题或进行改革的办法。

特性列举法的一般步骤是：

第一步，选择一个目标比较明确的发明或革新的小课题，如果是一个比较大的课题，可以分成若干小课题来进行。

第二步，确定课题以后，再列举出发明或革新对象的各种特征。

第三步，从各个特性出发，通过提问，引发各种可能的创意设想。在这种情况下，也可以采用头脑风暴法，以便能够产生更多的想法和方案，然后再通过审核、评价，挑选出具有价值的、实用性强的设想。在运用特性列举法时，对事物的特性分析得越详细越好，并且尽量从各个角度提出问题，以便能够得到更多的启发。例如，围绕水壶的特性，可以提出以下问题：冒出的蒸汽怎样才会不烫手，蒸汽孔能否移到别处？焊接的地方是否能采用其他的办法来连接？除了铝之外，是否还可以使用更廉价的材料？等等。目前市场上生产的鸣笛壶，它的蒸汽口是设计在壶口的，当水烧开的时候，它会自动鸣笛，蒸汽不经过手柄，所以提壶的时候也就不会烫手。水壶外壳也可改成倒过来冲压成型，再焊上壶底，这样的水壶不仅外形美观，而且省去了壶盖，水开了又会自动鸣笛，还可以节省能源。

气动保温瓶的发明过程就是从改变保温瓶的特性开始进行的。一方面，改变保温瓶的名词特性"功能"来改进传统保温瓶，使它不仅有装水、倒水两种功能，还具有自动出水的功能。另一方面，改变保温瓶的形容词特性"美观"来改变它的造型、色泽，使它不仅具有实用价值,而且还有装饰的作用。

特性列举法的主要思路是通过对事物特性进行分析,并逐一列举出来,然后探讨其是否能够进行改进,进而找出实现事物改进的办法,所以这种思考法也被称为分开分析思考法。

4.3.4 希望点列举法

希望点列举法是一种根据不断提出的"希望""怎样才能更好"等理想和愿望,进而寻求解决问题和改善对策的方法。它从创意主体的愿望出发,提出各种新设想,不受事物原有属性的束缚,所以它是一种积极主动的创意方法。

希望点列举法的具体做法是:召开希望点列举会议,每次会议可以有5~10人参加,会议开始前由会议主持人选择一件需要改进的事情并确定其为主题,然后发动与会者围绕所确定的主题列出需要改进的希望点,用小卡片写出,同时公布在小黑板上,并在与会者之间传阅。

一般情况下,会议进行1~2小时,产生50~100个希望点,即可以结束会议。会后将提出的希望点进行整理,选出主要的希望点,然后根据选出来的主要希望点进行研究,进而找出具体的改进方法,编制改进方案。

下面以改进椅子为例来说明希望点列举法。

首先,确定改进椅子为本次会议的主题。其次,列举出有关改进椅子的希望点。例如,希望椅子可以旋转、可调节高度等。再其次,选出所列举的有关改进椅子的主要希望点。最后,根据选出的希望点找出改善方法。结果是,设计出一个既可以旋转又可以调节高度的椅子。

发明创意的本质就是要有所突破,因此许多创意方法看起来往往是不合常理的。希望点列举法也如此,它要求人们把各种可能的希望、联想及瞬间的突发奇想都列举出来。在日本有过这样一个例子,许多人正在挖莲藕,其中一个人放了个屁,于是大家都嘲笑起来:"这样的响屁如果对池底多来几个,那莲藕岂不是都会自己翻出来了吗?"正在大家大笑不已之际,一个人突发奇想:如果用气筒把压缩空气吹入池底,是不是有可能把莲藕翻上来呢?于是他就从这种想法出发,大胆地开始试验,经过多次尝试与改进,终于通过用水给气筒加压,然后喷入池底,把莲藕完整且干净地挖上来了。

4.3.5 缺点列举法

缺点列举法是不断地针对一项事物,列举出它的各种缺点,然后在此基础上,找出主要缺点加以改进,进而找到解决问题的办法和改进事物的对策。

日本有个叫鬼冢喜八郎的人听朋友说:"今后体育要大发展,运动鞋是不可缺少的。"于是他就想进入生产运动鞋这一行,他想要生产其他厂家没有的新型运动鞋。可是他一无资金,二无研究人员,不能和大企业相比。于是他想到,任何商品都不会是完美无缺的,如果能抓到一个缺点进行改革,就能研究出新产品来。他选了一种篮球运动鞋开始研究,他先访问优秀的运动员,听他们谈篮球鞋的缺点,几乎所有篮球运动员都说,现在的球鞋容易打滑,止步不稳,影响投篮的准确性。他还和运动员一起打球,亲身体验到这一缺点。于是,他围绕打滑这一缺点进行革新。有一天他在吃鱿鱼的时候,忽然看到鱿鱼的触角上长着一个个吸盘,马上联想到他正在开发的防滑球鞋,如果把鞋底做成吸盘状,不就可以防止打滑了吗?于是,他把原来的平底改成凹底,试验结果表明,这种鞋在止步时要稳得多。鬼冢发明的凹底篮球鞋,逐渐替代了平底篮球鞋,成为独树一帜的新产品。这便是寻找缺点而创造出的新产品。

要有精益求精的理念和追求完美的不满足心理。虽然事物都有缺点,但由于人的心理惰性作用,看惯了,用惯了,很难发现缺点、找出缺点。即使发现有什么缺点,也会报以宽容态度。要用缺点列举法创新,必须要有精益求精、追求完美的精神,就是要对研究对象"吹毛求疵",要"鸡蛋里挑骨头",才有可能找出缺点。

常用方法有缺点列举法、对比分析法、市场调查法。当然,个人钻研是更重要的方法。

要尽可能发现隐蔽式缺点。列举缺点,不仅要列举显而易见的缺点,更重要的是善于发现隐蔽的、不易被人察觉的缺点。有时,发现隐蔽缺点才有更高的创造价值。

4.3.6 综摄法

综摄法是由戈登教授在1944年提出的。综摄法是指以外部事物或已有的发明成果为媒介,并将它们分成若干要素,对其中的要素进行讨论研究,综合利用激发出来的灵感来发明新事物或找到解决问题的方法。人类的知识体量已庞大到惊人的地步,这就驱使人们去开发各种高效率地利用知识的方法。因此,综摄法是一种旨在开发人的潜在创造力的思考方法。

1. 综摄法的两大思考原则

(1) 异质同化原则

异质同化原则是指把看不习惯的事物当成早已习惯的熟悉事物。在发明没有成功以前或问题没有得到解决以前,这些事物对人们来说都是陌生的。异质同化原则要求人们在碰到一个完全陌生的事物或问题时,要运用所具有的经验、知识来分析、比较这类事物或问题,并根据分析的结果,以很容易处理或很老练的态势,了解事物或解决问题。

(2) 同质异化原则

同质异化原则是指对某些早已熟悉的事物,根据人们的需要,从全新的角度或运用新知识进行观察和分析,以便能够摆脱那些陈旧落后的看法,进而产生新的创意想法。

2. 综摄法的实施要点

(1) 讨论时最好先不公布议题,直到有人提及时再提出来,以有利于与会者灵感的相互激发。

(2) 这种方法不追求设想的数量,而在于设想的质量和可行性。

(3)人格性的模拟一般不易做到,因此必须集中精力。

3. 综摄法的模拟技巧

(1)人格性的模拟

人格性的模拟是一种感情移入式的思考方法。先假设自己变成该事物以后,再考虑自己会有什么感觉,又如何去行动,然后再寻找解决问题的方案。

(2)直接性的模拟

直接性的模拟是指以作为模拟的事物为范本,直接把研究对象范本联系起来进行思考,提出处理问题的方案。

(3)想象性的模拟

想象性的模拟是指充分利用人类的想象能力,通过童话、小说、幻想、谚语等来寻找灵感,以获取解决问题的方案。

(4)象征性的模拟

象征性的模拟是指把问题想象成物质性的,即非人格化的,然后借此激励脑力,开发创造潜力,以获取解决问题的方法。

4. 综摄法的具体操作方法

(1)确定会议室和会议召开的时间。

(2)确定约10名人员为与会者,与会者可以是不同专业的研究人员,但必须是内行。

(3)主持人应具备使用本方法的一切常识及细节问题,如思考原则、实施要点、模拟技巧等。

(4)主持人向与会者介绍本方法的大意及实施概要、思考原则、模拟技巧等。

(5)主持人先不公开议题,而是介绍与研究课题有关的资料,引导与会者进行讨论,启发他们的灵感。

(6)当讨论涉及解决问题时,主持人再明确提出来,并要求与会者按两条原则和四种模拟法积极考虑解决问题的方案。

(7)整理综合各种方案,从中寻找出最佳方案。

某南极探险队首次准备在南极过冬,当时南极越冬队队员正在想方设法用输送船把汽油运到越冬基地。因为是第一次在南极过冬,实地操作时才发现输送管的长度根本不够,当时又没有备用的管子。这下难住了所有队员,大家都不知该如何是好。这时,队长突然提出了一个很奇特的想法,他说:"我们用冰来做管子吧!"其实,他的这个设想并不是凭空来的,而是因为南极非常冷,水一碰到外界空气就会变成冰,真可以说是滴水成冰。但问题的关键是怎样把冰做成管子的形状,并且管子在中途不会断裂。队长很快又有了想法。他提出把医用绷带缠在铁管上,上面淋上水再让它结冰,然后拔出铁管,不就成了冰管子了吗?用这种方法做成的冰管子,再把它们一截一截连接起来,要多长就有多长。

在队长的整个设想中,首先是想到用冰管来代替输油管,其次是将绷带能够绑敷的功能用在包缠铁管上。队长的聪明在于将已有的东西作为媒介,将一些看似毫无关联的事物结合起来,也就是摄取各种事物的长处,把它们综合在一起,进而制造出新产品。

这位队长运用的方法,就是综摄法。通过运用这种方法,他找到了解决问题的突破点,使越冬输油管的难题得到了解决,并且使自己潜在的创意力得到了发挥。

事实证明,不少发明创意、文学作品的灵感都来源于日常生活中的启发。这种事物,从自然界的高山流水、飞禽走兽,到各种社会现象,比比皆是,范围极其广泛。因此这种可以利用外物来启发思考、激发灵感、解决问题的综摄法对创意活动有很大的帮助。

4.3.7　KJ 法

KJ 法是川喜田二郎于 1965 年提出的对智力激励法的一种改进方法,其名称是川喜田二郎英文名字(Kawakita Jiro)字母缩写,是日本职工创意活动中首选的创意方法。

1. 准备

主持人召集与会者 4~7 人,准备好黑板、粉笔、卡片、大张白纸、文具等。

2. 头脑风暴法会议

主持人请与会者提出 30~50 条设想,将设想依次写到黑板上。

3. 制作卡片

主持人同与会者商量,将提出的设想概括为 2~3 行的短句,写到卡片上,每人写一张。这些卡片被称为"基础卡片"。

4. 分成小组

与会者按自己的思路各自进行卡片分组,把内容相似的卡片归在一起,并加一个适当的标题,用彩色笔写在一张卡片上,称为"小组标题卡"。不能被归类的卡片,每张自成一组。

5. 并成中组

将每个人所写的小组标题卡和自成一组的卡片放在一起。经与会者共同讨论,将内容相似的小组卡片归在一起,再起个适当标题,用彩色笔写在一张卡片上,称为"中组标题卡"。不能被归类的自成一组。

6. 归成大组

经讨论把中组标题卡和自成一组的卡片中内容相似的归纳成大组,加一个适当的标题,用彩色笔写在一张卡片上,称为"大组标题卡"。

7. 编排卡片

将所有卡片以其隶属关系,按适当的空间位置贴到事先准备好的大纸上,并用线条把彼此按一定关系连接起来。如果编排后没有找到有何联系,可以重新分组和排列,直到找到联系。

8. 确定方案

将卡片分类后,就能看出解决问题的方案或最佳设想。经会上讨论或会后专家评判确定最佳方案或最佳设想。

4.4 提升创意思维相关训练

4.4.1 想象与联想训练

想象与联想在创意思维中是最自然、最原始的类型,每个人天生都会有这类思维的能力,因此训练创意思维首先从想象与联想的训练入手。

1. 针对图形的想象

想象是基于大脑记忆的信息,经过修改、增删、异化等超前思维,获得与原来的信息既有逻辑关联又完全不同的新信息。

图形想象是形象思维的主要形式,也是学生开始接触创意思维训练时最有趣、最容易理解的方式。

人们最初的图形想象是看到某个视觉对象而想到另一个事物,比如孩子们经常会惊讶地发现白云像羊羔、石头像狮子、树干像人脸等。更进一步的图形想象则是视觉触及的对象与周围环境关联组合成的图形而想到另一个事物,这种环境与视觉对象的转化形成的视觉选择性,在现代视觉科学中被称为图底反转(视觉对象图形与周围环境背景的反转),是更高阶的图形想象。图底反转训练是图形想象最常用、最重要的思维训练方法之一。最早研究图底反转的是丹麦心理学家鲁宾,他画出了著名的"鲁宾杯"图形。在一个长方形的画面中间画着一只白色的杯子,当你注视杯子的时候,黑色的部分就成了背景;当你注视杯子左、右的黑色部分时,白色的杯子就成了背景,而且这个背景是相对的两个人像侧脸。随着视觉的转换,杯子和人像侧脸相互交替出现,形成特殊的画面。

图底反转变化的理论强调了人们的感觉不是孤立存在的,而是受到周围环境的影响。因此,利用这个方法加以训练,有助于丰富我们的图形想象力。在标志设计、平面广告等创意中,运用图底反转设计作品会获得意想不到的效果。

2. 针对图形的联想

联想是由此及彼的思维衍生,其思维的逻辑是此对象与大脑记忆中的彼内容因为具有某种关联性而产生新的思维对象,由此可以无限地衍生下去,可见联想思维的爆发、裂变能力极其强大。

图形联想的训练方法是先针对某个图形,触发联想的神经,无拘无束地发散思维;再针对某概念,舒展联想的翅膀,自由自在地"挥动"思维。在训练时,首先要明确联想与印象或记忆的经验有关,没有印象和记忆,联想就是无源之水、无本之木。因此,在创意思维的过程中,联想和想象都是记忆的提炼、升华、扩展和创造,而不是简单地再现,从这个过程中产生的一个构想导致另外一个构想或更多的构想,就能不断产生令人称赞的创意。

3. 针对概念的想象

我们经常有这样的体会:某个创意产生了令人惊讶、拍案叫绝的想象效果,是因为它将两个表面看似毫无联系的概念,经过若干次联想的逻辑转折后,最终联系在一起。这种针对某个概念得到出乎意料的另一个概念的想象思维能力,是创意思维能够创造"喜剧效果"的重要特征。为了提高这种创意思维能力,可以经常进行两种脑操训练。

第一种,随机写出一个概念词,心中默念三次以上,联想思维的逻辑转折后再写出另一个概念词,这个最终的概念词看似越不可能、越出乎意料则越成功,如图4-1所示。

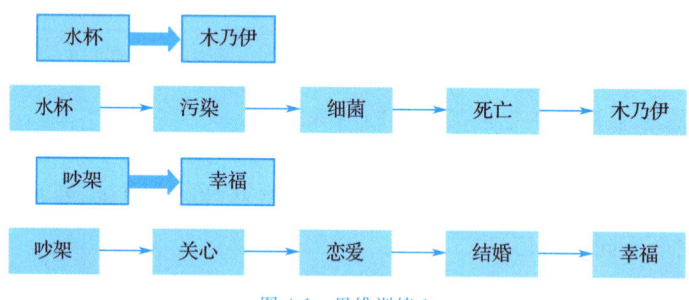

图4-1 思维训练1

第二种,随手写出两组看似毫无联系、相差甚远的概念词,再写出三次逻辑转折词,然后把它们两两配对并用线连接起来,如图4-2所示。

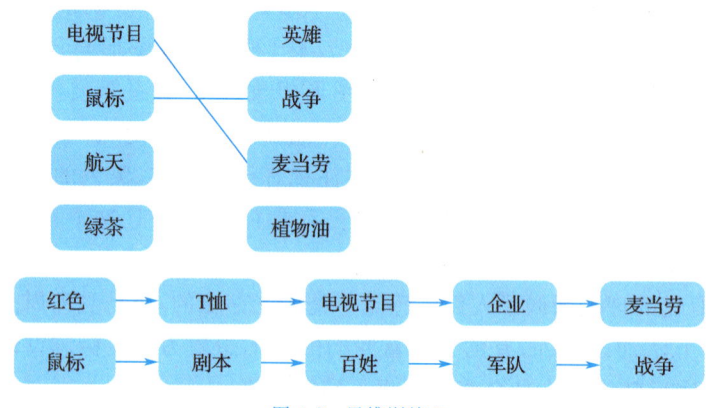

图4-2 思维训练2

4.针对概念的联想

概念与图形的联想只是对象不同而已,思维的逻辑路径是一样的,是通过赋予一系列概念之间微妙的逻辑关系,从中展开联想而获得新的概念的思维过程。但由于概念联想比较抽象,未经训练的情况下许多人往往会停留在图形联想层面。例如,提到"速度"这个概念,人们往往会联想到呼啸的飞机、奔驰的列车、下落的重物等画面,经过训练的人们则会进一步产生"飞速""闪光""坠落""爆炸""粉碎"等一系列概念联想,这些联想引导人们去体验许多只可意会不可言传的概念。例如,从唐代张若虚的《春江花月夜》"春江潮水连海平,海上明月共潮生。滟滟随波千万里,何处春江无月明"的优美诗句中,一般人可以联想到波涛翻涌的江水、一望无际的大海、清冷宁静的月夜画面,少数人则会联想到如梦如歌的乐曲、跌宕起伏的情感、峰回路转的事业等。

针对概念的联想对创意思维的帮助是非常大的,是灵感创意至关重要的手段,可采用

"思维导图"的方法进行训练。思维导图俗称脑图,首先以某个概念为出发点,写在一张空白 A4 纸张的中央;然后在它的周围画五六个甚至更多的圆圈,一般按照相对的思维方向在圆圈里填上第一级联想的概念,然后根据逻辑发展让大脑自然地衍生出下一级概念,以此类推,画满整张纸。这种自由联想式的概念辐射可以把头脑中的概念无限衍生出一张无比巨大的思维"蜘蛛网",图 4-3 为电脑创意思维图。

之所以能产生如此效果,是因为人对事物的记忆片段是通过联想思维的形式进行逻辑衔接、转换的,往往如脱缰的野马向更多、更复杂的方向发散。因此,加强主动的、有意识的联想训练,能够有效促进人的创意思维。

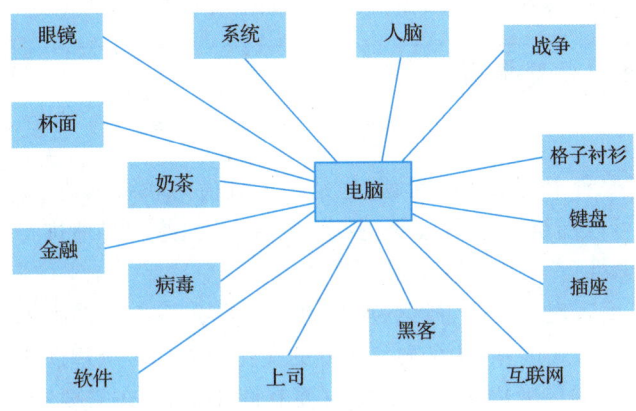

图 4-3 电脑创意思维图

采用相对的思维方向进行联想思维衍生。联想思维往往是快速闪现或模糊不清的,创意者应该及时捕捉使其成为清晰的概念,其中既有依据概念进行直接的、相关的发散联想形式,也有相近的或多种元素组合起来进行联想的形式,更有看似毫不相干的几个因素通过中间因素逻辑转折的联想形式。事实上,它们之间存在着某种内在的联系,如同"月晕必有风来,础润必有雨落",只不过这种联系并不是每个人都能够直观发现的,但经过训练后每个人都能够运用起来。

请每名同学以"潇洒"为中心概念词,在 A4 纸上画出思维导图,20 分钟后提交作业。

4.4.2 标新立异与独创性训练

标新立异是策划创意思维中一个非常独特的方法,在市场调查阶段看到、听到、接触到信息和事物时,应尽可能地让自己的思绪突破限制、向外拓展,让思维超越常规,找出与众不同的看法和思路,赋予其最新的概念和内涵,使创意的成果从外在形式到内在意境都表现出独特的传播效果。

标新立异与独创性思维训练从突破图形的视觉习惯入手,进而训练在概念上突破传统思维定式,不顺从既定的思路,采取灵活多变的思维战术,多方位、跳跃式地从一个思维基点跳到另一个思维基点。

那些遨游在思维空间的基点,代表着一个个思维的要素,如在广告策划中需要考虑的风格、流派、色彩、图案、题材、材料或定位等。多一个思维的基点,就多一条创新的思路,创意者要从众多思路中找出最新、最佳、最独特的方案。

在日常生活中,人们往往习惯于接受符合常规的视觉形象而忽视变异的方法,因此在平面设计中利用常规视觉的定式而产生错觉,体现出标新立异的创意。初看完全合理的形象,经过仔细观看后却发现了许多不合理的矛盾空间形态。矛盾空间形态训练能够培养创意者在理性思考中具有趣味性、独特性和标新立异的特性。

4.4.3 广度与深度训练

1. 广度训练

思维广度是指要善于全面地看问题,这是指思维横向联系的范围。假设将问题置于一个立体空间内,可以围绕问题多角度、多途径、多层次、跨学科地进行全方位研究,因而有人称其为"立体思维"。

创意思维的广度表现在主题、概念、取材、形式、组合等各个方面的广泛性上,从广阔的宏观世界到神秘的微观世界,从东方与西方的文化交流到传统理念与现代意识的融合,都是进行创意所涉及的广度内容。创意不仅要有商业素养,还需要有美学、心理学、色彩艺术、符号艺术、社会历史、文化地理等多方面知识。

思维广度可以按照"逆向思维—减法思维—横向思维—纵向思维"的路径进行训练。例如,以主题为"明天如何吃早餐"进行训练,如图 4-4 所示。

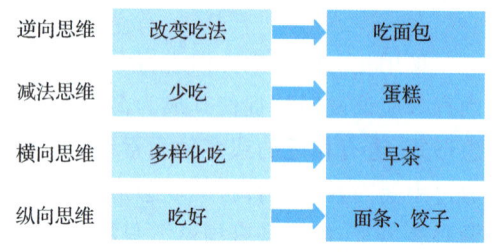

图 4-4 思维广度训练

课堂练习

脑筋急转弯是训练思维广度的好方法,请同学们用最快的速度思考:什么照片看不出照的是谁?

2. 深度训练

思维深度是指考虑问题时,要透过表面现象深入事物的内部,抓住问题的关键、核心(事物的本质)进行由远及近、由表及里、层层递进、步步深入的思考;要善于客观、辩证地看问题,不要被事物的个别现象所迷惑。

在创意思维的成果中,既要体现跨行业、跨领域的信息量,也要展现深刻的思想内涵。具有一定思想深度的创意构思,才能让用户回味无穷并产生共鸣,体会到其中的魅力。一般来说,如果创意具有较高的思想性、较深的文化内涵和较好的表现力,那么就说明创意思维具有一定的深度。

思维深度可以按照"榨汁思维—剥皮思维—提炼思维—化学思维"步骤,自我挑选主题进行训练。

阅读资料

深度思维使戴尔成功

16岁的戴尔在假期接受了《休斯敦邮报》的征订工作,公司给了他一本厚厚的电话号码簿,要求他一一拨打电话销售全年的邮报。打了两天电话后,戴尔发现了一些规律,有些客户非常爽快地接受了订阅,他几乎没有机会按照公司培训的套路来介绍邮报就获得了订单;而有些客户他苦口婆心地说上一个小时也没有用。因此,第三天,戴尔决定上门拜访一下那些爽快的客户,了解一下他们为什么订阅邮报。经过拜访,戴尔发现,客户的回答没有规律可循,无非是认为"这是一份严肃的报纸",或者"这是一份讲究的报纸""这是我们城市的新闻"等,对提高订阅量没有什么具体、明确的帮助。

然而,经过思考,戴尔发现了一个重要的事实:那些爽快的客户几乎都是刚搬入新家,而搬家的人中有80%都是刚登记结婚的。于是,戴尔判断他们的爽快与他们搬入新家有关:刚搬到一个新地方,在信箱中什么都没有的时候,一份报纸定期而至更能体现家的存在。

接下来,戴尔该怎么办呢?戴尔认为有两个地方可以找到这两个群体的资料:搬家公司和婚姻登记处。此后,从这两个地方得到的数据让戴尔签约客户的成交率高达60%。16岁的戴尔结束假期后开着一辆汽车回到学校,报告老师他收入了18 000美元,比老师一个学期的收入还多,老师非常惊讶,甚至以为他写错了小数点。

这个故事说明,掌握深度思维能力的人往往能够迅速成功。

课堂练习

请同学们用最快的速度思考以下问题,并举手回答:

(1)交通法规明文规定,在城市街道的交叉路口上,步行者横穿马路时,车辆应停在人行道前等待。可是偏偏有个别汽车驾驶员,当交叉路口上还有很多行人横穿马路时,却突然冲进人群中,全速向前行驶。这时旁边的警察看到了却没有处罚他,为什么?

(2)某人有过这样的经历:他乘坐的船驶到海上后就慢慢地沉下去了,但是船上所有的乘客都很镇静,既没有人去穿救生衣,也没有人跳进海里逃命,而是眼睁睁地看着这艘船完全沉没,为什么?

4.4.4 流畅性与敏捷性训练

1. 流畅性训练

思维的流畅性是指思维对外界刺激词作出反应的速度。

我们常说某人的思维流畅,就是指他遇到问题时,总能迅速找到上策、中策、下策等不同层次、不同效果的多种解决方法。不同的人思维的流畅性是有区别的,面对同样一个问题,有的人久久想不出解决的办法,有的人则能迅速想出十几种乃至几百种处理方法。

思维的流畅性是可以通过训练提高的,而且有着较大的发展潜力。具体做法是,确定思维主题后,将此主题词作为思维刺激词,由浅入深、由低到高,在短时间内迅速将涌现出的想法一一记录下来。据有关统计分析发现,受过流畅性思维训练的学生与没有受过训练的学生相比,思维的流畅性大大提高,思维也更加活跃。

2. 敏捷性训练

敏捷性通常是指在很短的时间内向外"发射"出来的想法数量。我们常说某人的思维敏捷,就是说他在很短的时间内就能想出很多种解决问题的方法。

敏捷性训练常用的方法是进行"个人头脑风暴"训练,就是不做深入的分析和思考,只要求思维以极快的速度对事物作出反应,想出办法,快速激发出新颖独特的构思。

课堂练习

对下面两个刺激词,请分别在3分钟内写出五次向深度快速构思的内容,要求具有新颖独特性,举例如图4-5所示。

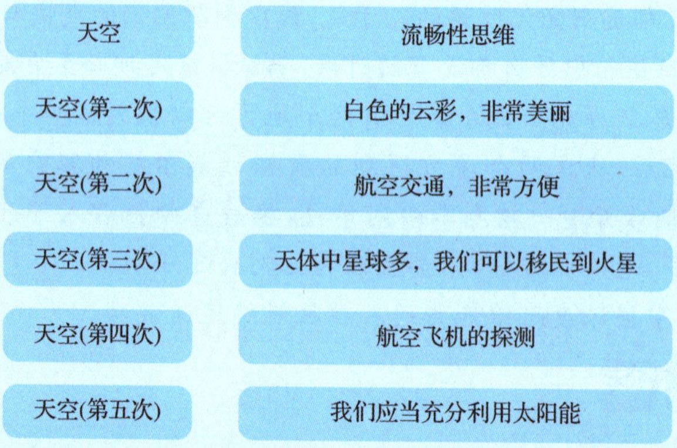

天空	流畅性思维
天空(第一次)	白色的云彩,非常美丽
天空(第二次)	航空交通,非常方便
天空(第三次)	天体中星球多,我们可以移民到火星
天空(第四次)	航空飞机的探测
天空(第五次)	我们应当充分利用太阳能

图4-5 "天空"的五次联想

流畅性思维训练刺激词:
寒冷
芒果树

4.4.5 求同思维与求异思维训练

求同思维和求异思维是指思维主题的两个逻辑路径方向,前者是从外部聚合到这个主题上去,后者是从这个主题向外发散出去。

以此为基础,引申出思维的方向性模式,即思维的侧向性和逆向性。对于创意的思维形式来说,这些方面都是进行策划创意非常重要的思维要素,了解、掌握并有意识地进行这种思维方法的训练,有利于在创意中充分挖掘思维潜力,提高创意思维的效率和能力。

1. 求同思维训练

求同思维，就是将感知到的素材、搜集到的信息依据一定的标准"聚集"起来，探求其共性和本质特征。在求同思维的运动过程中，最先表现出的是处于朦胧状态的各种信息和素材，这些信息和素材可能是杂乱的、无秩序的，其特征也并不明显。但随着思维活动的不断深入，主题思路渐渐清晰明确，各个素材或信息的共性逐渐显现出来，成为彼此相互依存、相互联系且具有共同特征的要素，焦点也逐渐聚集于这些共性的中心，使思维的目标逐渐清晰明确，最终找到问题的答案。

2. 求异思维训练

求异思维，是从思维的中心点向外追求尽量相异的构思和想法，辐射发散，产生多方向、多角度地捕捉创作灵感的触角。如果把人的大脑比喻为一棵大树，人的思维、感受、想象等活动促使"树枝"衍生，"树枝"越多，与其他"树枝"接触的机会越多，产生的交叉点（突触）也就越多，并继续衍生出新的"树枝"，结成新的突触。如此循环往复，每一个突触都可以产生变化，新的想法也就层出不穷。人类大脑在进行思维活动时，就是依照这种模式进行思维活动的。人们每接触一件事、看到一个物体，都会产生印象和记忆，接触的事物越多，想象力越丰富，分析和解决问题的能力也就越强。

求异思维不受常规思维定式的局限，综合创意的主题、内容、对象等多方面因素，以此作为思维空间的中心点，向外发散吸收如传统文化、现代文化、艺术风格、民族习俗、社会潮流等一切可能借鉴的要素，将其综合在自己的创意思维中。因此，求异思维作为推动创意思维向深度和广度发展的动力，是创意思维的重要形式之一。

3. 求异思维与求同思维组合训练

求同思维与求异思维是创意思维过程中相辅相成的两个方面。在创意思维的过程中，先求异后求同。首先，以求异思维广泛搜集素材，自由联想，寻找创作灵感和创作契机，为创意创造多种条件；其次，运用求同思维对所得素材进行筛选、归纳、聚类、概括、判断等，从而产生正确的创意和结论。这个过程不是一次就能够完成的，往往要经过多次反复，求异—求同—再求异—再求同，二者相互联系、相互渗透、相互转化，从而产生新的认识和创意思路。

阅读资料

百万格子的创意传奇

在如今这个世界，有时一个异想天开的创意就可以创造一个奇迹。美国一名21岁的青年亚历克斯一筹莫展，新学期的大学生活就要开始了，但母亲却宣布无法支付他高昂的学费，他要么贷款等毕业后15年或20年还清，要么自己打工挣学费。但亚历克斯想寻求其他办法，他坐在电脑前，手无意识地拨弄着鼠标。忽然，他的眼睛睁大，一个念头闪电般钻入脑海深处，亚历克斯随之激动不已。10分钟后，亚历克斯建起一个个人网站，将首页均匀地划分为一万个格子，他突发的奇想就是卖掉这些格子。100美元，他马上给每个格

子定好了价格。百万首页——他自信地给崭新的网站标注了名字。亚历克斯声明,购买者可以在这些格子中随意放上任何东西,包括自己网站的Logo、名字或者特意设计的图片链接等。

结果好得超出了亚历克斯的想象,不到两个月,已经有4 281个格子有了归属,亚历克斯进账42.8万美元。不到4个月,亚历克斯已经获得了90.71万美元的收入,百万价值的网页所剩的空白格子已不到5%。

在中国也有人学着做百万格子,而且也取得了不错的业绩。

从思维导图分析,亚历克斯先对自己感兴趣的事情"玩电脑"和想干的事情"挣钱"求异,分别发散形成思维导图,然后在两者之间求同找到交点:既可以玩电脑又可以挣钱,最具共同特征的要素是"建立网站为客户打广告"。最终,亚历克斯将网页分割成小小的方块以适应不同的客户挑选和承担广告费用,百万格子创业成功了!

4.4.6 侧向思维与逆向思维训练

1. 侧向思维训练

在日常生活中,常见人们在思考问题时"左思右想",说话时"旁敲侧击",这些其实就是侧向思维的形式之一。在创意思维中,如果只是顺着某一思路思考,往往找不到最佳感觉而始终不能进入最好的创意状态。这时可以让思维从侧面寻找出路,有时能得到意外的收获,从而使创意思维获得成功。这种情况在策划创意中非常普遍。

好的创意即使在隔天再推敲,也会发现有很多需要修改、润色的地方。在推敲创意的时候,一定要兼顾"创意效果"及"卖点"两个标准,缺一不可。

2. 逆向思维训练

逆向思维是一种比较特殊的思维方式,其思维方向总是与常人的思维方向相反,如人弃我取、人进我退、人动我静、人刚我柔等。逆向思维是发现问题、分析问题和解决问题的重要手段,有助于克服思维定式的局限性,是决策思维的重要方式。当然,这个世界上不存在绝对的逆向思维模式。当一种公认的逆向思维模式被大多数人掌握并应用时,它也就变成了正向思维模式。需要注意的是,逆向思维并不是主张人们在思考时违逆常规,不受限制地胡思乱想,而是训练一种小概率的思维模式,即在思维活动中关注小概率可能性的思维。逆向思维训练必须遵照认知理论,先在训练中感知逆向思维的不同点并总结,再用总结的逆向思维理论去指导实践。

探讨与应用

一位富豪到一家银行贷款1美元,贷款部经理说:"要有担保,无论借多少,我们都办。"于是,富豪取出一大堆股票、国债、债券。经理清点后给出结论:"一共50万美元,作为担保足够了,请办手续吧,手续费年息6‰。"富豪办了手续。

请思考:富豪为什么要以50万美元作为担保贷款1美元?

4.4.7 超前思维训练

超前思维是人类特有的思维形式,是人们根据客观事物的发展规律,在综合现实世界提供的多方面信息的基础上,对客观事物和人们的实践活动的发展趋势、未来图景及其实现的基本过程进行预测、推断和构想的一种思维形式。它能指导人们调整当前的认知和行为,并积极地开拓未来。在策划创意中,超前思维训练是非常重要的,可以从思维的纵向、横向、主客观因素,多角度、多层面地去训练超前思维。

但是,超前思维并不是没有根据的超前,超前思维也不是幻想,而是经过"大胆假设、小心求证"后构思的未来。美国莱特兄弟努力观察研究,终于发明了虽然简单但能够飞上天空的第一架飞机;法国科幻小说家儒勒·凡尔纳在他的科幻小说中描述出当时还没有出现的潜水艇、导弹,但这些后来都成了现实。这些超前思维都是实实在在影响世界历史的创意。

如果改变纸杯形状,纸杯还可以有哪些其他用途?

4.4.8 灵感思维训练

在创意过程中,人们潜藏于心灵深处的想法闪现出来,或因某种偶然因素激发而突然有所领悟,达到认知上的飞跃;或各种新概念、新形象、新思路、新发现突然而至,犹如进入"山重水复疑无路,柳暗花明又一村"的境地,这就是灵感。灵感的出现是思维过程必然性与偶然性的统一,是智力达到一个新层次的标志。

灵感的出现虽然有着许多偶然因素,但可以通过努力创造产生灵感的条件,也就是说要有意识地让灵感更多地涌现出来,这就需要按照灵感的活动规律来训练灵感思维。

首先,灵感的突发性其实是以思考的持续性为前提的,"得之在俄顷,积之在平日",要训练善于观察、勤于思考的能力,为产生灵感提供前提条件。

其次,要学会及时准确地捕捉转瞬即逝的灵感火花,不放弃任何有用的、可取的闪光点,哪怕只是一个小小的火星也要牢牢抓住。这颗小小的火星很可能就是足以燎原的智慧火花,这就要求我们训练思维的敏感性和条件反射特性。

具体来说,灵感思维的训练可以按照如下步骤进行:

(1)观察分析,有目的、有选择地去分析所要了解的目标。
(2)启发联想,从已经熟悉的事物或知识上展开联想。
(3)投入激情,调动全身心的巨大潜力去创造性地思考问题。
(4)判断推理,对于新发现或新产生的结果进行逻辑分析和判断。
(5)沉淀思绪,暂时停止思考,做些别的事情,让灵感慢慢"发酵"。
(6)捕获灵感,保持对思考目标的敏感性,随时抓住灵感的火花。

课堂练习

看到一张白纸上的一个符号"★",你会想到什么?用1分钟快速写下头脑中迸发出来的灵感。

4.4.9 创意诱导训练

在工作中需要明确创意的具体概念、主题、口号、广告等,此时可借助创意诱导流程来完成创意。可按以下步骤训练创意诱导:

第一步:选择什么题材?

可从下列内容中选择其一:古今中外,民间艺术,自然景观,科学技术等。

第二步:从什么角度选?

可从下列角度中选择其一:思想意识,科学技术,宗教信仰,民俗礼仪等。

第三步:反映什么风格?

可从下列内容中选择其一:古典,现代,乡村,浪漫,自然,前卫,奇特,梦幻,乡俗,田园等。

第四步:展现什么情感?

可从下列内容中选择其一:热情,亲情,开朗,欢乐,孝心,豪放,忧郁,悲伤,痛苦,自豪等。

根据以上步骤,构思完整的创意作品。

同步测试

1. 多项选择题

头脑风暴的四项原则是( )。

A. 禁止批评的原则

B. 认真研究的原则

C. 自由无约束的原则

D. 追求创意数量的原则

E. 追求最好的原则

F. 创意接力的原则

2. 问答题

(1)什么是创意思维?

(2)为什么说想象是基于大脑记忆的信息?

(3)灵感思维训练可以按照哪些步骤进行?

(4)创意诱导训练的步骤有哪些?

3. 判断题

(1)一个优秀的创意思维应该创造性地提炼出易懂好记的语言、图形等符号。 ( )

(2)创意按思维过程的指向,可分为发散思维(即求异思维、逆向思维、想象思维、广度思维等)、聚合思维(即求同思维、联想思维、归纳思维、深度思维等)。( )
(3)联想是由此及彼的思维衍生,可以无限地衍生下去。( )
(4)"旁敲侧击"就是侧向思维。( )

创业营销技能实训项目

头脑风暴法开展创意活动

[训练目标] 运用头脑风暴法开展创意活动,开发学生创意思维。

[训练组织] 假设本周末要去郊外组织一次班级活动,如何在活动中少花钱、不花钱甚至还可以赚钱,请开展创意。

请学习小组按照以下流程完成练习:
(1)用5分钟共同厘清创意的目标是什么?
(2)用5分钟讨论头脑风暴必须遵守的四项原则是什么?
(3)用15分钟开展头脑风暴,收集尽量多的创意。
(4)用5分钟讨论哪个创意比较好?
(5)老师随机挑选部分团队上来分享。

[创业思考] 如何运用头脑风暴法为创业项目提供创意?

[训练提示] 教师可以在开始训练前要求学生按要求组成立公司,确立公司组织结构,制定公司工作目标。

[训练成果] 各组汇报,教师讲评。

延伸阅读

新媒体传播环境下颠覆传统思维的用户关联性

2010年后,新媒体发展迅速,内容、渠道和人的关系发生了巨大变化:过去是渠道为王,新媒体时代则是内容为王。在内容同质化、渠道失控、难以取悦用户的背景下,传统的营销策略和节奏渐渐失效。

不同于过去少数精英人群对信息的掌控,新媒体时代的信息掌握在大众手中,每个人都是内容的传播者,这也使得信息呈现碎片化的特征。

在庞杂的信息中,能够吸引用户注意力的是那些用户认为与自己关联度高、参与度高的内容。

新媒体环境下,任何能够获得爆发式传播增长的事件,都是因为与用户群体产生了深度关联,并且利用这种关联,降低了用户消化和储存信息的成本,所以更快速、更"暴力"地在用户心中扎了根。

随着新媒体传播环境的变化,一种全新的病毒式传播理论开始出现。营销学教授乔纳·伯杰提出"STEPPS"法则。

S:社交货币(Social Currency),迎合人们向身边朋友炫耀身份的需要,构建出他们渴望的形象。

T:诱因(Triggers),能够触发人们某个记忆或联想的因素。

E:情绪(Emotions),一些情绪,如惊奇、兴奋、幽默、愤怒和焦虑等能够激发人们分享的意愿。

P:公共性(Public),产品的公共性越强,越容易激发人们的行为。

P:实用价值(Practical Value),人们喜欢传递具有实用价值的信息。

S:故事(Story),人们天生喜欢听故事,而故事能够有效传播信息。

本书对"STEPPS"的解读,是通过找到与用户具备强关联的IP,结合产品的某项特征,打造出能够让用户关注和传播的超级话题,从而达到传播品牌和产品的目的。这与当下的传播环境是相吻合的。某档节目的爆火,正是因为其打造出了符合年轻人社交环境的"社交货币",用情绪、实用价值、故事等,将偶像塑造成超级IP,创造出诸多极具公共性的超级话题,最终丰富了需要娱乐性话题的大众的生活。

可将营销领域中的关联性定义为:借助强IP,打造对用户具有影响力的超级话题,达到传播品牌和产品的目的。

1. 怎么样找到强IP呢?

有一些IP是自带话题属性的,可以带来与用户较深的联结,吸引更多的目光。明星自然是流量大户,其庞大的粉丝群体可以带来巨大流量。但是,还有很多用户熟知的生活方式、娱乐场景、日常工具、空间、时间元素以及情绪、情感等,是无法用流量来衡量的IP。要抓住这样的IP,需要营销人员具备优秀的"网感"。

所谓网感,便是对热点话题、受众心理、舆论环境和传播趋势的敏感度。有的人看到网上频繁地讨论中年人养生,第一时间会想到很多中年人都在用保温杯,进一步联想到保温杯里泡枸杞——这似乎成了中年人养生的标配,于是将中年人用来泡枸杞的保温杯打造成了热点。

2. 万物皆IP,寻找高频的共享场景

高频的共享场景会形成超强的关联性。微信是我们日常生活中使用最普遍的社交软件,每天有海量信息在微信中进行交流,所以整个微信生态已经是一个超高频的场景。

例如,2017年两会期间,人民日报利用微信做了特别接地气的营销活动,有效地迎合了新媒体传播趋势。

"总理给我发红包"和"两会喊你加入群聊"成功在全国人民的朋友圈里刷屏。两会作为时政性很强的新闻话题,与红包、群聊这两种百姓最常用的互动形式相关联,于是产生了"裂变"式爆发的传播效应,不到一天就刷爆了朋友圈。

第 5 章 了解新媒体运营工具 掌握新媒体运营基本操作

思维导图

本章学习目标

◆ 应用知识目标

1. 熟悉新媒体内容编辑的基础知识；
2. 了解新媒体内容编辑工具及应用；
3. 理解新媒体运营的基本操作。

◆ 应用技能目标

1. 掌握基本截图工具的使用方法；
2. 了解音视频工具在运营中的作用。

◆ 创业必知知识点

1. 会使用图文工具编辑新媒体运营材料；
2. 会使用音视频工具编辑音视频文档；
3. 了解旅游行业新媒体运营的策略和特点。

案例导读

森林茶饮掀起年轻人的时尚潮流

森林茶饮是市面上比较受欢迎的一款新饮料，尤其在年轻人中掀起了一股时尚潮流，喝饮料选森林茶饮几乎成为年轻人的一种常态。

森林茶饮的营销和公关做得非常出色,很多都借助于新媒体工具。其创始人给品牌特性的定位就在于"新",因此主导的方向跟传统品牌大不相同,完全避开了大品牌主导的所谓大众领域。森林茶饮长期活跃在自媒体平台和社交平台,并且在市场保持着超高的活跃度,微信、微博、抖音、B 站、小红书等都有它的身影,后来更是邀请了很多名人进行推广,更是有不少直播大咖进行顶流推荐。

森林茶饮不仅擅长在新媒体平台进行运营,更加善于分析这些平台的数据,因为在自媒体平台、社交平台上能够第一时间了解到用户的真实需求,通过大数据等技术了解到用户对于某些产品的偏爱和追捧,这样就能实现精准营销。经常在这些自媒体平台上露脸、出现,时间一长自然能吸引更多的年轻群体,要知道饮料的主力军依然还是年轻消费者,这样的模式让森林茶饮直接跨过传统品牌所走过的积累过程,从线上到线下,直接面向消费者。

在自媒体平台、社交平台等年轻消费者群体聚集的地方下功夫去传播,不仅要掌握各种自媒体软文、种草文的写作方法,使得森林茶饮更具有互联网特性,更要掌握新媒体工具的使用方法。2023 年微信的活跃用户规模达到 13.43 亿人,较 2022 年增加 0.3 亿人。2024 年上半年,微信的活跃用户规模达到 13.7 亿人。2023 年微博的月活跃用户达到 5.73 亿,同比增长 10%,日活跃用户达到 2.49 亿人,同比增长 11%。2023 年全年,微博实现总营业收入 17.6 亿美元。微信的日活跃用户达到 10.9 亿人;有 7.8 亿人每天翻看朋友圈,其中的 1.2 亿人还会在朋友圈里发点什么;有 3.6 亿人每天浏览公众号来获取对外界的认知。

层出不穷的新媒体工具,给我们提供了展示文字、图片、视频、音频等多种媒体渠道。用户再也不仅仅依靠单调的单向输入获取信息,而是更加倾向于双向的互动交流。作为新媒体运营者,掌握最新的运营工具,了解新媒体运营的基本操作,就变得尤为重要了。

. 思 考 .

你了解的新媒体工具都有哪些?它们都具有什么特性?

5.1 编辑工具

5.1.1 二维码

如今,扫描二维码已经成为日常生活中必不可少的场景之一,无论是购物、乘车还是点餐和社交,都离不开二维码的参与,可以说有手机的地方就有二维码。小小的二维码为什么会有如此神奇的功能,二维码背后的原理又是什么?

二维码(QR 码)是一种用于存储信息的矩阵条形码,它由黑白相间的小方块组成。

这种编码方式被广泛应用于移动支付、商品管理、票务管理、会议签到等领域。与一维码只能存储少量信息相比,二维码可以存储更多的信息,包括文字、网址、电话号码、邮件地址等。在使用二维码时,用户只需要使用手机扫描二维码即可获得存储在其中的信息。二维码的可读性非常高,因此它已成为许多企业的重要推广工具。

1. 二维码的起源

二维码又称二维条码,以前超市里的商品都有一个条形码,但是条形码的缺点就是能存储的信息太少,一般只能存储物品的价格和编号信息,因为这个缺点,日本的原昌宏带领自己的团队对条形码进行研究和改进。他们发现给条形码增加一个特殊的维度,就会变成一种全新的码,这种码存储的信息会更多,基于这样的想法,目前所见到的"黑白方块"就出现了。

2. 二维码的作用

二维码是一种能够存储大量信息的图形编码方式,具有以下五种作用:

(1)信息传递

二维码是一种信息传递工具,能够存储文字、图片、链接等信息,并通过扫描二维码的方式传递给他人。二维码广泛应用于广告宣传、文化传播、商业活动等领域,方便信息传递和交流。

(2)产品溯源

二维码可以将产品的生产、加工、运输等各个环节的信息编码储存,供消费者扫描查询。产品溯源二维码可以帮助消费者了解产品的生产过程、质量等信息,提高消费者的购买信心。

(3)门票验票

二维码可以作为门票、电子票务等票据的一种安全验证方式。门票上的二维码可以储存门票的购买信息、使用期限等,供门卫或售票员扫描验证。

(4)物流追踪

物流公司可以将包裹的发货、中转、派送等信息编码储存,供快递员扫描更新。这样可以方便物流公司和客户随时了解包裹的状态,提高物流信息的透明度和可靠性。

(5)电子支付

二维码可以作为一种电子支付的工具。消费者通过扫描商家的二维码完成付款,商家可以轻松地记录收款信息,避免了传统POS机的使用成本和维护成本。

3. 二维码的优点

二维码的优点不仅在于它能够存储更多的信息,还在于它的容错率高。即使二维码局部被损坏了,或者其中的一部分信息被遮盖了,扫描仍然可能成功。这种容错能力是由于二维码的设计原理,它将信息分成多个模块,并将这些模块分布在不同的位置。

除了传统的黑白二维码,现在还有许多彩色二维码。这些彩色二维码不仅可以存储信息,还可以被视为一种艺术品。因此,许多设计师将二维码应用于广告和宣传中,以吸引更多的用户关注和使用。

知识链接

二维码会不会耗尽？

在日常生活中，我们每天都在消耗大量的二维码，二维码的使用数量巨大，仅我国每天就会使用上亿个二维码，而全球每天更是会消耗 600 多亿个二维码，如此巨大的消耗量，二维码会有一天被耗尽吗？

这种担心有一定的道理，二维码并不是无限的，也确实会被用光。每天 600 多亿个消耗量看上去非常多，但这些跟二维码的总量相比，甚至可以忽略不计。据统计，目前人类使用的二维码总数连二维码总数的 1‰ 都不到。

5.1.2 编辑器类别和特点

在这个信息爆炸的时代，新媒体平台层出不穷，如抖音、快手、微信、微博、贴吧等。这些新兴媒体都有着自己的特性，很多商家借助这些平台进行产品宣传与推广。新媒体运营平台上的内容包括文章、图片、音频、视频等，这些内容的制作与发布都离不开新媒体平台编辑器。例如，微信公众号的书写就需要相应编辑器，微信公众号编辑器的主要功能是实现图文及多媒体的混排。

1. 新媒体编辑器的类别

根据编辑内容的不同，新媒体编辑器多种多样。新媒体编辑器可以用来创建、编辑和发布各种数字内容，包括图像、视频、音频和文本等。以下是几类常见的新媒体编辑器：

（1）图片编辑器

图片编辑器用于处理、编辑和设计图像，如 Adobe Photoshop、GIMP 和 Canva 等。

（2）视频编辑器

视频编辑器用于编辑和制作视频，如 Adobe Premiere、Final Cut Pro 和 iMovie 等。

（3）音频编辑器

音频编辑器用于编辑、修剪和处理音频，如 Audacity、Adobe Audition 和 GarageBand 等。

（4）漫画编辑器

漫画编辑器用于制作漫画和图形小说，如 Clip Studio Paint、Manga Studio 和 Procreate 等。

（5）动画编辑器

动画编辑器用于制作动画和动态图像，如 Adobe After Effects、Blender 和 Toon Boom Harmony 等。

（6）幻灯片编辑器

幻灯片编辑器用于创建演示文稿和幻灯片，如 Microsoft PowerPoint、Google Slides 和 Keynote 等。

(7)社交媒体编辑器

社交媒体编辑器用于创建社交媒体内容,如 Instagram、Facebook 和 Twitter 的内置编辑器,以及专门的社交媒体工具,如 Hootsuite 和 Buffer 等。

(8)网页设计编辑器

网页设计编辑器用于创建网页和数字媒体内容,如 Adobe Dreamweaver、WordPress 和 Squarespace 等。

2.新媒体编辑器的特点

(1)用户友好性

通常来说,新媒体编辑器具有直观的界面和易于使用的功能,可以让用户轻松地创建和编辑各种数字内容,而不需要具备高级技能或专业知识。此外,新媒体编辑器通常还具有许多自动化功能,如自动排版、字数统计、关键词分析等,可以帮助用户更高效地完成工作。

(2)多样性

由于不同媒体平台的需求不同,新媒体编辑器通常会提供多种编辑模式,以适应不同平台的要求。例如,视频编辑器可以支持不同的视频分辨率和格式,文章编辑器可以支持不同的排版风格和字体选择等。这种多样性使得新媒体编辑器成为一个非常灵活的工具,可以适应不同的工作需求。

除此之外,新媒体编辑器还通常会与各种第三方工具和服务集成,以便用户更好地完成工作。例如,视频编辑器可以与视频剪辑器和转码工具集成,文章编辑器可以与搜索引擎优化工具和社交媒体营销工具集成,从而帮助用户更好地管理和促进他们的数字内容。

5.1.3 编辑器举例

微信公众号是一个非常流行的社交媒体平台,可以让用户分享文章、视频、图片等各种内容。在微信公众号中,编辑器是非常重要的工具之一。编辑器可以帮助用户创建和编辑文章,以便在公众号上发布和分享(图 5-1)。

微信公众号编辑器提供了多种功能,以帮助用户创建和编辑高质量文章。以下是微信公众号编辑器的一些主要功能:

(1)多种格式支持

微信公众号编辑器支持多种格式,包括文本、图片、视频、音频等。用户可以根据需要添加这些内容,以使文章更加丰富多彩。

(2)编辑工具

微信公众号编辑器提供了多种编辑工具,如排版、字体、颜色、字号等。这些工具可以让用户定制文章的外观和样式,以使其更具吸引力。

(3)插入链接

微信公众号编辑器允许用户插入链接,如指向其他网页或文章的链接。这对于引用来源或添加相关内容非常有用。

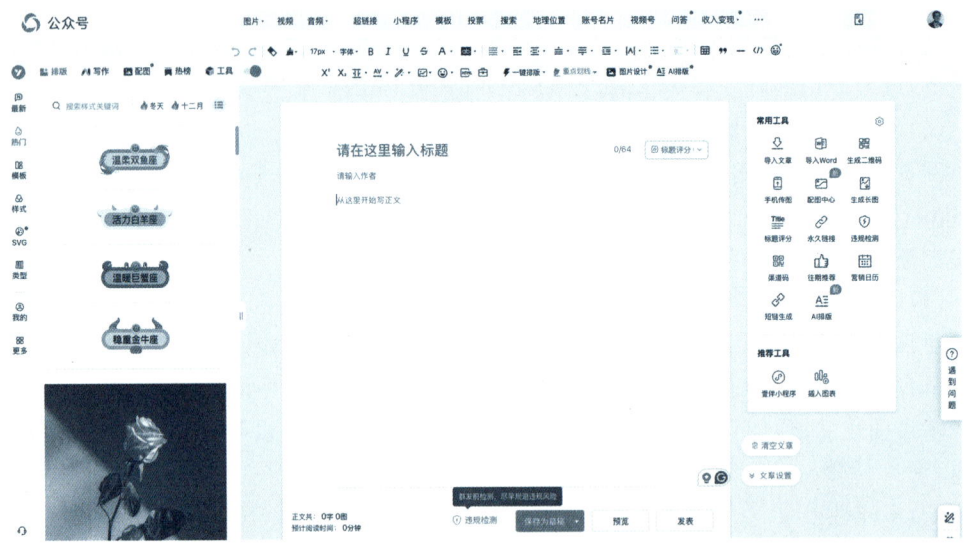

图 5-1 微信公众号编辑器

（4）自动保存

微信公众号编辑器具有自动保存功能，可以避免因浏览器或电脑崩溃导致的数据丢失。用户可以在编辑文章时轻松保存草稿，以便后续继续编辑。

（5）预览和发布

微信公众号编辑器提供了预览和发布功能。用户可以通过预览查看文章的最终效果，以便进行必要的更改。当用户准备好发布时，只需点击发布按钮即可将文章发布到公众号。

（6）其他功能

除了以上功能，微信公众号编辑器还提供了其他有用的工具和选项，如插入表情符号、插入二维码等。

总体来说，微信公众号编辑器是一个非常强大且易于使用的工具，可以帮助用户创建高质量的文章并将其发布到公众号上。无论是个人用户还是企业用户，微信公众号编辑器都可以帮助提升公众号的品牌形象和用户体验。

知识链接

四款常见的微信公众号排版软件

新媒体平台的运营除了内容，很重要的就是排版，这也决定了用户的第一印象，体现着微信公众号的专业程度。除了微信公众平台上自带的编辑器，还有很多可以实现更多功能的编辑器，下面介绍四种常见的编辑器。

1. 秀米编辑器（图 5-2）

秀米编辑器是一款比较受欢迎的公众号排版编辑器，其结构化、模块化的特点，比一般编辑器更具有特色,文字、图片、样式都可以进行布局,操作也很灵活,并且有很多风格化的模板,样式简约。

图 5-2　秀米编辑器

2.壹伴助手(图 5-3)

相对其他公众号排版编辑器来说,壹伴助手更像是一款插件,下载安装之后,可以直接在公众平台进行使用,即直接在平台上进行排版,不需要再进行复制粘贴。它的功能有很多,除了正常的样式模板,还可以导入文章、查找配图、图片进行美化并可以对数据进行分析和导出等。

图 5-3　壹伴助手

3. 135编辑器(图5-4)

135编辑器是一款比较常规的公众号排版编辑器,功能比较全面,尤其是它的运营工具里面有字符效果,可以生成短链和超链接、对图片进行处理并提取封面图等,样式模板也比较多,使用起来很方便。对于企业来说,它也具有一些公众号运营的服务,涉及公众号排版运营的各个方面。

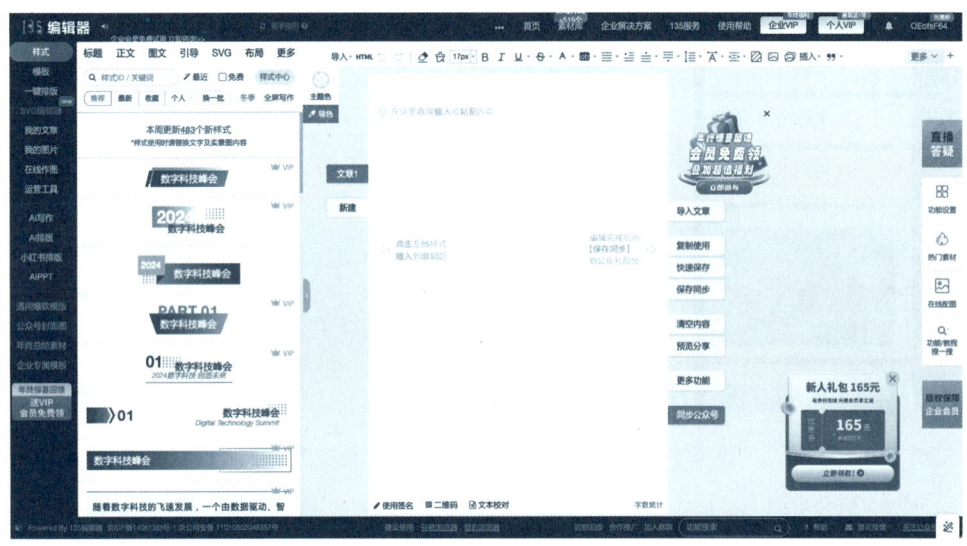

图5-4　135编辑器

4. 96编辑器(图5-5)

96编辑器的界面跟135编辑器差不多,属于主流公众号排版编辑器样式。96编辑器

图5-5　96编辑器

是一款专门的公众号排版工具,样式模板非常丰富,还具有导入文章、提取封面图视频等功能。为了方便公众号排版,还有便捷的在线作图、宣传动图等功能,以方便作图、对图片进行处理。同时它也具有很多免费功能,如云端草稿、生成图片、文章采编等都可以免费使用。

5.2　图文工具

5.2.1　截图工具

在新媒体运营的实践过程中,图片扮演着重要的角色,是必不可少的多媒体形式。有一句话说得好:"一图胜千言。"好的图片比文字更直观、更有趣、信息量更大。新媒体运营编辑在获取图片方面,会大量使用截图工具来获取自己想要的图片,掌握截图工具就成为新媒体运营必须掌握的技能之一。专业的截图工具通常能够完成多种方式的截屏,并且可以对图片进行适当编辑,甚至还可以完成游戏、视频的截图与文本的捕捉,可以捕捉活动窗口、扩展活动窗口等。

新媒体运营工具中,截图工具也是多种多样的。总体来讲,截图工具可以分为三类:操作系统自带截图工具、微信或 QQ 截图功能、专业截图软件。

1. 操作系统自带截图工具

常见的 Windows 操作系统和 macOS 操作系统都有自带的截图工具。操作系统自带的截图工具,可以完成全屏截图和窗口截图。

在 Windows 系统中,有多种方式可以截图。下面是其中三种常用的方式:

(1)使用键盘快捷键截图

使用键盘快捷键截图是最简单、最快速的方式之一。按下键盘上的 Print Screen 键(有时候可能写作 PrtScn 或 PrtSc),这会将整个屏幕的图像复制到剪贴板中。要截取当前活动窗口的图像,可以同时按下 Alt+Print Screen 键。

(2)使用 Windows 自带的截图工具

在 Windows 10 中,可以使用内置的截图工具,名为"截图与标注"。打开该工具后,可以选择截取整个屏幕、窗口或任意区域,并将截图保存为图片文件。

以下是使用该工具的步骤:

①打开"截图与标注"工具。在开始菜单中搜索该工具,或在任务栏中找到它的图标,然后单击打开。

②选择要截取的方式:全屏、矩形区域、自由形状或窗口。

③进行截图。根据所选的方式,使用鼠标绘制矩形或自由形状,或者单击要截取的窗口。

④保存截图。在截图工具中,单击"文件"菜单,然后选择"另存为"选项来保存截图。

(3)使用 Windows＋Shift＋S 截图

在 Windows 10 中,还可以使用 Windows＋Shift＋S 组合键来截取任意区域的屏幕图像。按下组合键后,屏幕会变灰,鼠标会变成十字形状。选择要截取的区域并拖动鼠标,然后松开鼠标左键即可完成截图。截图将被保存到剪贴板中,可以在任何图片编辑软件中粘贴并编辑。

在 macOS 系统中,有多种方式可以截图。以下是三种常用的方式:

(1)使用键盘快捷键

按下 Command＋Shift＋3 进行全屏截图,按下 Command＋Shift＋4 进行选区截图。

(2)使用屏幕截图工具栏

按下 Command＋Shift＋5 打开屏幕截图工具栏,选择所需的截图选项,如全屏截图、选区截图、窗口截图等。

(3)使用预览应用程序

打开"应用程序"文件夹,找到"预览"应用程序,打开它。在菜单栏中,选择"文件"—"截图"—"从屏幕截取"。选择所需的截图选项,如全屏截图、选区截图、窗口截图等。

2. 微信或 QQ 截图功能

很多新媒体运营人员会使用微信或 QQ 截图,这种截图方式方便快捷、便于分享,以下列举微信截图功能(QQ 截图功能与之相似)。

(1)打开并登录微信 PC 版。

(2)找到需要截图的内容,使用快捷键 Ctrl＋Alt＋A(或者点击微信界面上方的"✂"按钮)调出截图工具。

(3)在截图界面中选择需要截图的部分,可以调整截图框的大小和位置。

(4)单击"保存"按钮,将截图保存到电脑本地文件夹中。

(5)如果需要编辑截图,可以使用电脑自带的图片编辑软件或第三方编辑软件进行编辑。

(6)在微信 PC 版中发送截图,可以从本地文件夹中选取截图发送,或者直接在微信中粘贴截图。

3. 专业截图软件

在 Windows 和 macOS 上,有许多第三方截图工具可供选择。以下列举一些比较流行的截图工具:

(1)Windows

• Snagit:功能强大,支持捕捉矩形、窗口、滚动区域等不同类型的截图,并可以进行编辑、标记、裁剪、自动滚动捕捉等多种操作。

• Greenshot:免费、开源的截图工具,支持多种截图方式、截图编辑和上传等功能。

• Lightshot:功能简单、易于使用的截图工具,支持截取自定义区域、编辑截图、上传等功能。

(2)macOS
- Snagit:功能强大,支持多种截图方式和编辑功能。
- Skitch:功能强大的截图和标注工具,可以对截图进行标记、文字、形状等编辑。
- Monosnap:支持截取全屏、选定区域、窗口甚至录制屏幕等多种功能,并且可以进行编辑和分享。

知识链接

三款专业截图工具的使用方法

1. Snagit

Snagit 是一款功能强大的截图和屏幕录制工具,支持 Windows 系统和 macOS 系统,以下是它的使用方法:

(1)安装和启动 Snagit

下载并安装 Snagit 软件,然后启动它。一旦启动,会出现一个小的 Snagit 窗口。

(2)选择截图类型

Snagit 提供了多种截图类型,包括全屏截图、窗口截图、自定义区域截图和滚动截图,通过单击 Snagit 窗口中的相应按钮来选择所需的截图类型。

(3)选择要捕捉的区域

选择截图类型后,拖动鼠标来选择要捕捉的区域,可以通过按住 Shift 键来保持截图区域的宽、高比例。

(4)编辑截图

完成截图后,Snagit 将自动打开编辑窗口。在这个窗口中,可以裁剪截图,添加标注、箭头和其他图形,可以添加文字和数字,还可以使用涂鸦工具在截图上绘画。

(5)保存或分享截图

截图编辑完成后,可以保存截图或将其分享到社交媒体和其他应用程序中。要保存截图,只需单击"文件"菜单并选择"保存"选项即可。如果要将截图分享到其他应用程序中,单击"文件"菜单并选择"分享"选项。

(6)屏幕录制

Snagit 也可以用于屏幕录制。在 Snagit 窗口中选择"视频"选项卡,然后单击"录制"按钮。可以选择要录制的屏幕区域,添加音频;还可以使用鼠标高亮和点击提示等工具来增强视频效果。完成录制后,可以编辑和分享录制的视频。

2. Greenshot

Greenshot 是一款免费的开源截图工具,支持 Windows 平台,以下是它的使用方法:

(1)下载安装并启动 Greenshot

下载并安装 Greenshot 软件;安装完成后,双击桌面上的 Greenshot 图标以启动软件。

(2)选择截图类型

Greenshot 提供了多种截图类型,包括全屏截图、窗口截图、矩形截图和自由形状截图等。可以在 Greenshot 菜单中选择所需的截图类型。

(3)选择要捕捉的区域

选择了截图类型后,拖动鼠标来选择要捕捉的区域,还可以使用快捷键,如按下 Print Screen 键来截取整个屏幕。

(4)编辑截图

完成截图后,Greenshot 将自动打开编辑窗口。在这个窗口中,可以裁剪截图,添加标注、箭头和其他图形,可以添加文字和数字,还可以使用涂鸦工具在截图上绘画。

(5)保存或分享截图

完成编辑后,可以保存截图或将其分享到社交媒体和其他应用程序中。要保存截图,只需单击"文件"菜单并选择"保存"选项即可。如果要将截图分享到其他应用程序中,单击"文件"菜单并选择"分享"选项。

(6)高级功能

Greenshot 还提供了一些高级功能,如可以配置截图的命名规则、文件格式和保存路径等,可以设置快捷键,以便更方便地使用 Greenshot。

3. Monosnap

Monosnap 是一款免费的截图和屏幕录制工具,支持 Windows、Mac 和 Linux 等操作系统,以下是它的使用方法:

(1)下载安装并启动 Monosnap

下载并安装 Monosnap 软件,安装完成后,双击桌面上的 Monosnap 图标以启动软件。

(2)选择截图类型

Monosnap 提供了多种截图类型,包括全屏截图、窗口截图、自定义区域截图和滚动截图等。可以在 Monosnap 菜单中选择所需的截图类型。

(3)选择捕捉的区域

选择截图类型后,可以拖动鼠标来选择要捕捉的区域;还可以使用快捷键,如按下 Cmd+Shift+5(Mac)或 Ctrl+Shift+5(Windows)来截取整个屏幕。

(4)编辑截图

完成截图后,Monosnap 将自动打开编辑窗口。在这个窗口中,可以裁剪截图,添加标注、箭头和其他图形,可以添加文字和数字,还可以使用涂鸦工具在截图上绘画。

(5)保存或分享截图

完成截图编辑后,可以保存截图或将其分享到社交媒体和其他应用程序中。要保存截图,只需单击"保存"按钮并选择保存路径即可。如果要将截图分享到其他应用程序中,单击"分享"按钮并选择所需的分享选项。

(6)屏幕录制

Monosnap 还支持屏幕录制功能。可以选择要录制的屏幕区域,并设置录制时间、音频和视频质量等选项。完成录制后,可以编辑和保存录制的视频。

(7)高级功能

Monosnap还提供了一些高级功能,如可以配置截图的文件格式和保存路径等,还可以设置快捷键,以便更方便地使用Monosnap。

5.2.2 图片处理工具

1. 美图秀秀

美图秀秀是一款强大的图片处理软件,它的特点是免费、简单易用、功能强大。到目前为止,美图秀秀已经在全球累计超10亿用户,在影像类应用排行上保持领先优势。美图秀秀提供了丰富的图片编辑和美化功能,包括美肤、美牙、美白、瘦脸、祛痘、滤镜、贴纸、文字等,可以轻松地将照片变得更加美观和生动。美图秀秀还提供了社交分享功能,用户可以将美化后的图片直接分享到微信、微博等社交平台上。在新媒体运营方面,美图秀秀主要有以下几大功能:

(1)图片编辑

美图秀秀可以对图片进行剪裁、旋转、缩放等基本编辑操作,还可以添加滤镜、贴纸、文字等特效来美化图片。

(2)美颜

美图秀秀有多种美颜功能,可以让人脸看起来更加光滑、细致,还可以修复照片中的瑕疵和缺陷。

(3)拼图

美图秀秀可以将多张图片拼接成一张新的图片,还可以添加边框、背景等特效来增强美观度。

(4)美妆

美图秀秀可以为照片中的人脸添加各种彩妆效果,如口红、眼影、腮红等,让人脸更加生动。

(5)画报

美图秀秀可以将照片制作成精美的画报,还可以添加文字、边框、背景等元素来丰富画报的内容。

(6)绘画机器人Andy

美图秀秀人工智能绘画机器人Andy,是一个可以帮助用户绘画的机器人,它可以轻松地为用户画出二次元图像。

2. Photoshop

Photoshop,简称"PS",是Adobe公司推出的一款图像处理软件。Photoshop的专长在于图像处理,对已有的图像进行编辑加工以及运用一些特殊效果,其重点在于对图像的处理加工。

作为一款专业的图像处理软件,Photoshop在新媒体运营中有许多重要功能被应用。

(1) 图片的调整和优化

Photoshop 可以对图片进行色彩、曝光度、对比度、锐度等方面的调整和优化，让图片更加清晰、鲜明、美观，提升图片的品质和观赏性。图片的调整和优化等一系列操作，可以在菜单栏"图像(I)"中进行。其中，"调整(J)"功能中有"亮度/对比度(C)""色阶(L)""曲线(U)""曝光度(E)"等四个最为重要的功能。

(2) 图片的裁剪和缩放

在新媒体运营中，经常需要对图片进行裁剪和缩放，以适应不同的尺寸和平台要求。Photoshop 可以轻松地完成这些操作，并确保图片不失真、不变形。在工具栏中选择裁剪工具 ，可以对图片进行裁剪。另外，在 Windows 系统中可以用快捷键 Ctrl＋T(macOS 系统为 Command＋T)对图片进行缩放。

(3) 图片的修饰和修复

当图片中存在一些不必要的元素或者瑕疵时，可以使用 Photoshop 进行修饰和修复，如去除噪点、消除水印、修复划痕等，让图片更加完美和专业。在工具栏中，可以选择修补工具 ，对图片进行修补。

(4) 文字和图形的添加

在新媒体运营中，常常需要在图片上添加一些文字和图形，如 LOGO、广告语等。Photoshop 提供了丰富的文字和图形设计工具，在工具栏中，有文字工具 和图形工具 ，可以完成这些工作。

(5) 制作吸引人眼球的设计元素

Photoshop 具有强大的设计功能，可以制作各种吸引人眼球的设计元素，如海报、广告、卡片、图片拼贴等，为新媒体运营带来更多的创意和亮点。

5.3 音频、视频编辑

音频可以通过声音、音乐、语音等方式，为用户带来丰富的感官体验。例如，可以在网站或社交媒体平台上添加背景音乐或音效，让用户更容易产生情感共鸣和留下深刻印象。音频可以传递品牌形象和文化，让用户更加了解和认同品牌。例如，在广告或宣传视频中加入品牌声音或语音标识，可以增强品牌辨识度。音频可以作为一种互动方式，让用户的互动方式更加多样化。例如，通过在线直播或播客等形式，与用户进行互动和交流，增强用户参与度和忠诚度。通过讲解、演示、推销等形式，音频能让用户更加深入地了解产品或服务的优势和特点，促进用户做出购买决策。例如，可以通过播客或广播等形式，向用户介绍产品或服务的特点和使用方法，提高营销效果。

视频在新媒体运营方面的作用越来越重要，如果说一张图片胜过一千个文字，那么一个视频就胜过一千张图片。视频作为一种多媒体形式，可以承载大量的信息。视频可以通过画面、颜色、光影、运动等视觉元素传递丰富的信息,包括情感、氛围、场景、角色等;可以通过音乐、声效、语音等音频元素,传递声音、语言、情感等信息;可以通过字幕、标题、标签等文字元素,传递关键信息、提示、解释等;还可以通过时间轴、镜头切换、剪辑等方式,传递时间信息,如事件发生的顺序、持续时间等。

5.3.1 音频、视频基础知识

1. 音频

要使用音频进行新媒体运营,了解一些音频的基础知识是必不可少的。音频是一种声波信号,通常由电子设备通过声音传感器(如麦克风)捕捉和记录,在播放音频时,扬声器振动,通过空气传导发出声音。

(1) 音频的频率

音频的频率指声波的振动次数,通常以赫兹(Hz)为单位。人类可听到的音频频率范围为 20Hz~20kHz。

(2) 音频的幅度

音频的幅度指声波的振动强度,通常以分贝(dB)为单位。较高的分贝数表示较大的振动幅度,也意味着声音更响亮。

(3) 采样率

采样率是指采集音频信号的次数,通常以每秒采集次数来表示。较高的采样率通常可以提供较高质量的音频。

(4) 比特率

比特率指每秒传送的比特数,通常以每秒位数(如16位或24位)表示。较高的比特率通常可以提供较高清晰度的音频。

(5) 音频格式

音频可以使用多种文件格式存储,如 MP3、WAV、FLAC 等。文件格式能影响音频的质量、大小和兼容性。

(6) 音频编辑

音频可以使用各种软件进行编辑,包括剪辑、混音、添加效果等。常见的音频编辑软件有 Adobe Audition、Audacity 等。

(7) 音频传输

音频可以通过多种方式传输,如通过音频线连接到音箱、通过蓝牙连接到扬声器、通过互联网传输等。传输方式可能会影响音频的质量和延迟时间。

2. 视频

视频是一种由一系列静态图像及音频组成的媒体形式。通过在时间轴上快速播放这些静态图像,人眼会产生运动的感觉,从而形成视频。视频通常以数字文件的形式存在,可以通过电视、互联网等媒介播放。在新媒体运营方面,了解一些视频的基础知识是必不可少的。

(1) 分辨率

视频分辨率是指视频在一定区域内包含的像素点的数量,通常用水平像素数和垂直像素数来表示,常见的分辨率有 720p、1080p、4K 等。

(2) 帧率

视频的帧率是指视频中每秒包含的静态图像的数量,常见的帧率是 24fps、30fps、60fps 等。

(3) 编解码器

视频编解码器是压缩和解压缩视频的软件或硬件,常见的编解码器有 H.264、H.265、VP9 等。

(4) 比特率

视频比特率是指视频中每秒传送的数据量。较高的比特率通常意味着较高的视频质量,但也会占用更多的存储空间。

(5) 容器格式

视频容器格式是指存储视频、音频和其他元数据的文件格式,常见的容器格式有 MP4、AVI、MKV 等。

(6) 视频编辑软件

视频编辑软件是用于编辑和处理视频的软件,常见的视频编辑软件有 Adobe Premiere Pro、Final Cut Pro、DaVinci Resolve 等。

(7) 视频流媒体

视频流媒体是指通过互联网传输视频的方式。常见的视频流媒体服务软件有爱奇艺、腾讯视频等。

(8) 视频设备

视频设备包括摄像机、录音设备、电视、显示器等,这些设备都对视频的质量和效果有很大的影响。

在新媒体运营中,音视频是非常重要的媒介形式,正确使用音视频,可以帮助运营者提高品牌曝光度,增加粉丝互动率,提升内容传播效果。在使用音视频进行新媒体运营中,首先应该选择合适的平台,如抖音、快手、微信、微博等,根据不同平台的特点制定相应的音视频策略。其次是制作具有吸引力的音视频以吸引更多的粉丝。创作有趣的故事、关键字和视觉元素能够增加用户的关注度和转化率。在新媒体平台上,利用音视频进行互动可以更好地与粉丝进行沟通,如在视频中提问、引导粉丝评论等。最后是定期发布视频会取得良好的效果,有助于增加粉丝黏性,吸引更多的用户。

5.3.2 音频、视频编辑工具

1. Adobe Audition

Adobe Audition(简称 Au)是一款专业级别的音频编辑软件,具有强大的多轨录音和编辑功能,可以对录音进行混合、剪切、修剪、增强、滤波等多种处理。此外,Adobe Audition 还支持多种音频格式的导入和导出,包括 MP3、WAV、AAC、AIFF 等。

在新媒体运营中,Adobe Audition 提供了多轨编辑器和混音器等工具,可以帮助用户轻松地录制和编辑音频;提供了去噪、压缩和均衡器等工具,可以帮助用户处理和修复音频;提供了声音特效和合成器等工具,可以帮助用户制作出独特而优质的音频内容。Adobe Audition 可以轻松地将音频转换为多种格式,并提供了多种导出选项,可以帮助用户快速得到自己想要的音频格式。

Adobe Audition 还支持对音频进行批处理,使用户能够同时处理多个文件,从而提高工作效率。它也支持与其他 Adobe 软件无缝协作,如 Adobe Premiere Pro 和 Adobe After Effects 等,可以方便地将音频文件导入这些软件中进行进一步编辑和处理。

获取音频素材的方式有很多种,以下是几种常见的方法:

(1)使用 Adobe Stock

Adobe Stock 是 Adobe 公司的一个素材库,其中包含大量的音频素材供用户使用。使用 Adobe Stock 需要用户购买订阅或购买单张素材。

(2)在网上搜索免费素材

可以在网上搜索免费的音频素材,如在 Audio Library 等网站上搜索,或使用百度搜索引擎。在使用这些免费素材时,需要注意版权问题,确保可以合法地使用它们。

(3)录制自己的音频素材

录制自己的音频素材需要准备录音设备,如专业录音机、手机录音软件等。例如,录制一些自然声音、乐器演奏或人声等,然后使用 Adobe Audition 对它们进行编辑和处理。

当有了音频素材以后,可以使用 Adobe Audition 进行简单操作,操作步骤分为如下几步:

(1)创建项目

在主菜单中选择"文件—新建"(图 5-6),可以选择新建一个"音频文件"。需要为音频文件指定一些基本属性,包括采样率、声道、位深度等,还需要为音频文件指定名称(图 5-7),单击"确定"按钮创建新文件。

(2)导入音频文件

从"文件"中选择"打开"选项(图 5-8),还可以直接将音频文件拖放到编辑器窗口中。

(3)了解编辑器窗口(图 5-9)

Adobe Audition 默认布局分为五个部分:左上角是文件管理窗格面板,在这里可以看到导入的音频素材;左边中部是文件信息窗格面板,在这里可以看到媒体

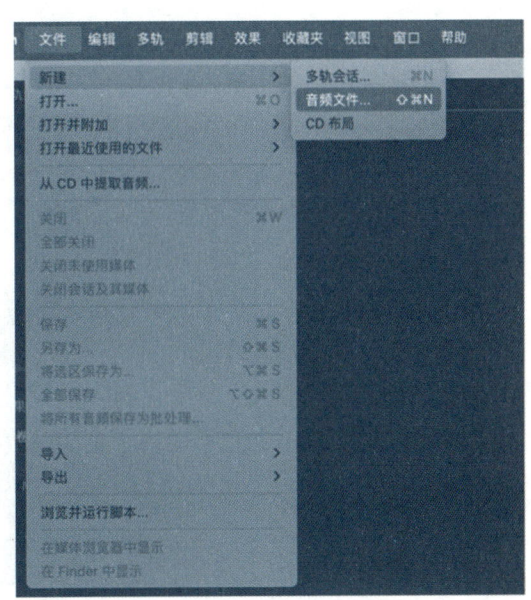

图 5-6 新建音频文件

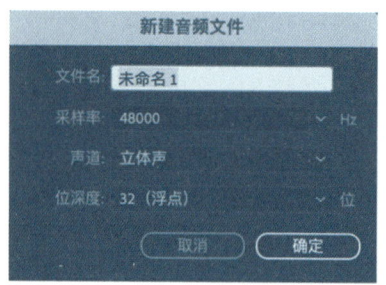

图 5-7 设置音频文件属性

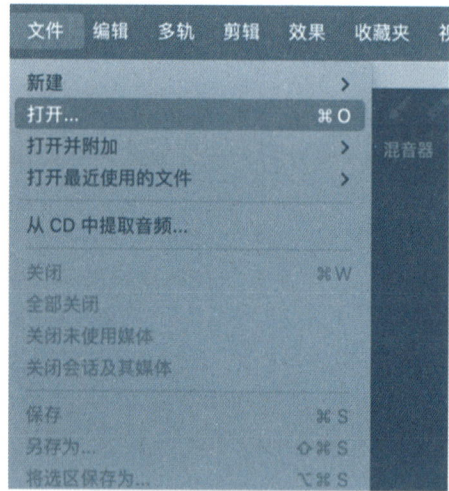

图 5-8 单击"打开"

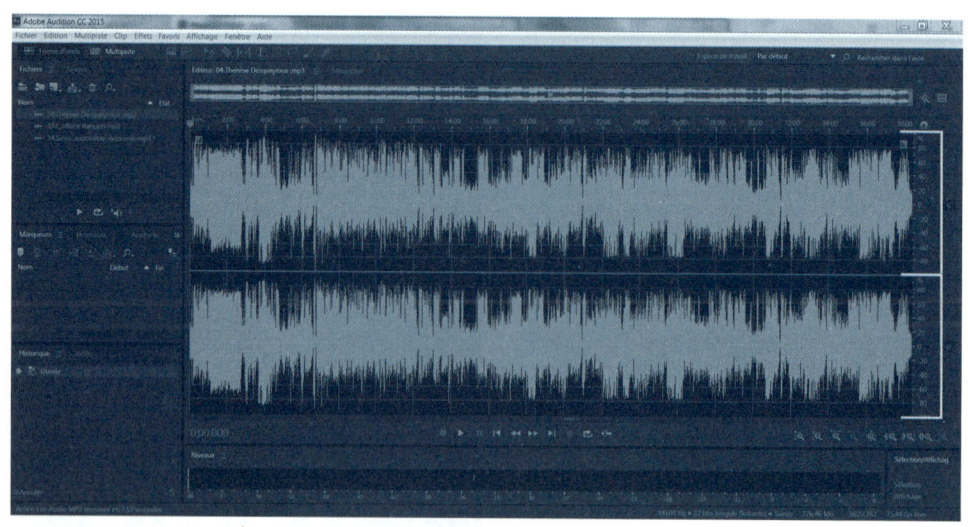

图 5-9 编辑器窗口

浏览器、效果组、标记、属性等和文件相关的信息；左下角是历史记录窗格面板，在这里可以看到进行过的操作；在窗口中部占据视觉空间最大的部分是编辑器和混音器，在这里可以进行音频编辑；最右边是基本声音面板，在这里可以编辑声音效果。

（4）选取特定的音频片段

导入音频文件之后，可以使用鼠标按住右键勾选想要编辑的部分，进行音频的选择。选择了音频片段以后，可以单击快捷菜单，选择"剪切""复制"等功能进行编辑（图5-10）。

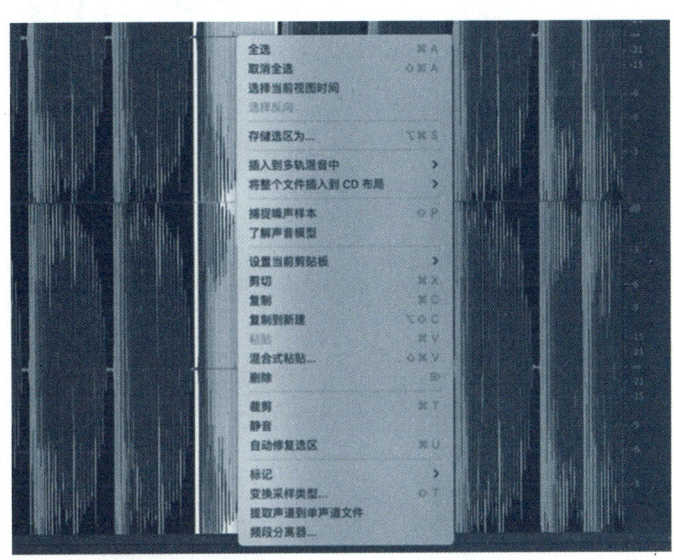

图5-10　选择某一音频片段

（5）高级编辑：降噪、均衡

选中要处理的音频片段后，可以在主菜单选项中选择"效果"。其中，降噪功能在"降噪/恢复"选项中，均衡功能在"滤波与均衡"选项中（图5-11）。

（6）导出文件

完成对音频文件的编辑以后，要保存文件。从主界面中选择"文件"菜单，然后选择"导出"选项，在"导出文件"对话框中，选择想要导出的音频格式。Adobe Audition支持多种音频格式，包括WAV、MP3、AIFF等。选择导出音频文件的名称和保存位置，并设置需要的导出选项，如采样率、位深度、声道等，导出完成后，就可以在指定的保存位置找到导出的文件（图5-12）。

2．Adobe Premiere

Adobe Premiere（简称Pr）是一款视频编辑软件，适用于Windows和macOS操作系统。它是视频编辑领域最流行的工具之一，因其功能强大和易于使用而受到广泛欢迎。对于用户来说，它具有入门快、功能强大的特点，无论是对于新手还是专业人士，Pr都是易用且友好的。

在开始使用Pr之前，需要积累一些制作视频的素材。这些素材包括视频素材、图像素材、音频素材、文字素材、动画素材、转场素材、特效素材等。

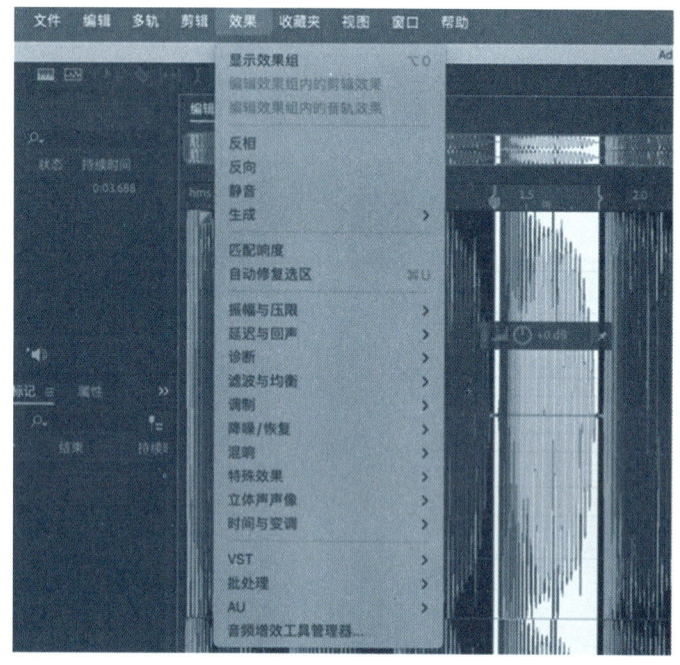

图 5-11 "滤波与均衡"选项

(1)视频素材

视频素材指的是连续的动态画面,可以是摄像机或手机拍摄的现场素材,也可以是下载的高质量视频素材。

(2)图像素材

图像素材可以用来增强视频内容,可以是照片、插图、图表等。

(3)音频素材

音乐、声音效果和配音是制作视频的重要元素,可以使用录音棚录制或下载高质量的音频素材。

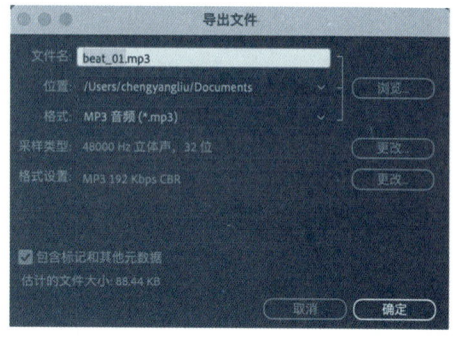

图 5-12 导出文件

(4)文字素材

文字可以传达信息、解释视频内容或增加视觉效果,可以使用字幕、标题、标签等方式添加文字素材。

(5)动画素材

动画可以增强视频的可视化效果,可以使用动画软件或下载高质量的动画素材。

(6)转场素材

转场素材可以使视频在不同场景之间流畅过渡,可以使用过渡效果、转场动画等方式添加转场素材。

(7)特效素材

特效素材是指在视频编辑过程中用于添加各种视觉效果的素材,包括但不限于转场、滤镜、动画效果、图形元素、文字效果等。这些素材可以用来提升视频的视觉效果,使其更具吸引力、更加生动,同时也可以帮助视频编辑者传达更加明确的信息或者情感。

当有了各种素材以后,就可以开始使用 Pr 制作视频了。Pr 的入门操作包括:

(1)新建项目

单击文件—新建—项目(P)。

选择"名称"和"位置(存储路径)"后单击"确定"。

(2)Pr 的窗口结构

在默认的窗口布局中,左上角是编辑区域,右上角是预览区域,左下角是素材区域,右下角是时间轴区域。

(3)导入素材

在 Pr 中有两种导入素材的方法:直接将素材拖入左下角素材区域;在素材区域单击"导入"选项。

(4)视频的剪辑

导入素材之后将素材拖入右下角时间轴区域,就可以对素材进行预览和编辑了。单击"播放"按钮或者按空格键可预览视频。视频删减是 Pr 中常用的功能,在编辑视频过程中常会遇到剪掉视频的一段或者截取视频的一段等要求,可以用以下两种方式来实现:

①选择左侧工具栏的"刻刀"工具,单击想要删去内容的两头,即可将视频分割成三段,从中选择自己不想要的内容;

②直接从末尾拖动即可(只能对开头或末尾内容)进行删减。

(5)添加音乐

添加音乐的方法和添加视频的方法一样,导入以后拖动到右边就可以了。删减音乐运用删减视频的方法也是可以完成的。

(6)音乐淡入淡出效果

添加完音频后,拉开轨道,单击左下角的小按钮,选择"轨道关键帧—音量"。

选择"添加—移除关键帧"按钮,在想要淡入、淡出的位置添加关键帧,即可对音量进行修改,完成淡入、淡出的效果。

(7)文件的导出

单击右上角"文件—导出—媒体",格式推荐选择 H.264,单击右下角"确定"即可导出。

除了这些基本操作以外,Pr 还有以下几个高级操作:

(1)视频调色

在视频制作中,调色是非常重要的一环。Pr 提供了一些调色工具,如颜色校正、曲线调整等。这些工具可以帮助制作者将视频素材的色彩和明暗度调整到最佳状态。

(2)添加字幕和标注

在新媒体视频中,添加字幕和标注可以帮助观众更好地理解视频内容。Pr 提供了一些添加字幕和标注的工具,如字幕编辑器、标注工具等。

(3)添加过渡效果

在剪辑面板中选择两个需要添加过渡效果的相邻剪辑文件,然后从"效果"面板中选择一个过渡效果,将其拖拽到两个剪辑文件之间即可。

5.4 旅游业新媒体运营工具使用案例

在信息技术不发达的时代,人们很难获得旅行目的地的信息,只有游客到达旅游目的地亲身体验后,通过文字、照片等进行记录,再通过报刊、广播、电视等传统媒介来完成信息传播。而在新媒体时代,每个游客都是目的地的发声者,新媒体的开放性与旅游的分享性,在一定程度上不谋而合。

在中国共产党第二十次全国代表大会上,党中央明确提出了加快发展数字经济,促进数字经济和实体经济深度融合。这一战略强调了新媒体在当今社会中的重要作用,特别是在传播社会主义文化和思想、增强文化软实力方面的重要性。对于新媒体旅游业运营人员来说,党的二十大精神为我们指明了方向,要求我们在实际工作中,充分利用新媒体工具,服务于国家的整体发展战略。旅游业可以运用多种新媒体工具进行运营,主要包括以下几种类型:

1. 社交媒体平台

微信朋友圈、新浪微博、腾讯视频、小红书、知乎等社交媒体平台,可以用于宣传旅游景点、活动、酒店、美食等,并与旅游者进行互动。

2. 旅游博客

旅游博客可以为旅游者提供有关旅游目的地的详细信息,分享旅游经验和建议。

3. 旅游应用程序

旅游应用程序可以帮助旅游者计划行程、预订住宿、查找当地景点等。

4. 虚拟现实技术

虚拟现实技术可以为旅游者提供与实际旅游体验相似的感觉,如通过虚拟现实仿真环境和VR眼镜,旅游者可体会旅行目的地的虚拟景象。

5. 旅游网站

旅游网站可以为旅游者提供有关旅游目的地的信息和行程建议,并可以预订住宿、机票等。

6. 直播平台

一些旅游公司和博主使用直播平台向观众展示旅游目的地,并与观众进行互动。

7. 网络广告

旅游公司可以在搜索引擎和社交媒体平台上投放广告,以吸引潜在客户。

在新媒体背景下,旅游行业呈现出几个新特性,包括传统营销逐渐数字化、旅游公司开始注重用户体验、旅游服务开始逐渐智能化、用户与旅游从业人员更多互动、旅游产品逐渐多样化和个性化、线上线下联动等。目前,被社交媒体、搜索引擎和在线广告等吸引的旅游者越来越多,旅游品牌也注重在网上提高品牌知名度和曝光率。许多旅游公司开始选择为旅游者定制旅游服务,以增强用户黏性。新媒体技术的出现,为旅游这一行为提供了更多的可能性,旅游者可以通过虚拟现实、增强现实等技术,丰富自己的旅游体验。在这种背景下,各种旅游品牌纷纷推出了自己的新媒体运营策略,以下是几个典型案例。

5.4.1 携程旅行的"携程小秘书"

携程旅行是通过互联网平台为用户提供全球范围内的旅游产品和服务,包括机票、酒店、旅游度假、门票、当地玩乐等的国内旅行品牌。携程旅行也提供个性化定制旅游服务和VIP旅游服务。

携程旅行的特点在于其多元化和综合性。除了提供各种旅游产品和服务外,携程旅行也为用户提供了多种在线工具和服务,包括旅游攻略、旅游问答社区、旅游目的地介绍、旅游指南等。携程旅行还提供了一系列移动应用程序,使用户可以随时随地方便地预订和管理旅游行程。

携程旅行在微信和微博上推出了定期更新的旅游攻略、热门景点介绍、折扣促销信息等内容,吸引了大量用户关注和参与。此外,携程旅行还在微信上推出了"携程小秘书"服务,为用户提供旅游咨询和服务。"携程小秘书"是人工智能客服机器人,它通过自然语言处理和人工智能技术,为用户提供快捷、高效、个性化的在线服务。"携程小秘书"能够处理用户的旅游相关问题,包括机票、酒店、旅游度假、门票、当地玩乐等方面的查询和预订。用户可以在携程旅行的网站或移动应用程序中与"携程小秘书"进行对话,获取相关的旅游信息和服务。"携程小秘书"不仅能够回答用户的常见问题,还能够根据用户的个性化需求,提供更加个性化的服务和建议。例如,当用户询问机票或酒店时,"携程小秘书"会根据用户的出行日期、目的地、预算等信息,为用户推荐最合适的航班或酒店;当用户在旅游目的地时,"携程小秘书"还可以为用户推荐当地的美食、景点、购物等(图5-13)。

图5-13 携程小秘书

用户还可以通过多种渠道,接入"携程小秘书",如微信公众号、QQ、支付宝等,这为携程旅行的新媒体运营创造了更加便捷的条件。"携程小秘书"可以提供多语种服务,用户可以通过中文、英文、日文、韩文等语言,获得"携程小秘书"的个性化服务。"携程小秘书"有效地结合了机器人和人工服务,当遇到复杂问题时,会将用户转接到人工客服,为用户提供更加全面的服务。

5.4.2 去哪儿网的"看世界"

去哪儿网是在线旅游平台之一,在微博和微信上推出了"去哪儿攻略""去哪儿看世界杯"等主题活动,吸引了大量用户关注和参与。去哪儿网有一个叫作"看世界"的板块(图5-14)。该板块为用户提供了一个便捷的方式来搜索、比较和预订全球各地的旅游景点、门票、当地活动和旅游线路等。

具体来说,去哪儿网的"看世界"板块可以让用户:

(1)浏览全球各地的旅游景点和门票信息,了解相关的介绍、图片、评论和评分等内容,从而选择自己感兴趣的目的地和景点。

(2)搜索和筛选符合自己需求的旅游线路,如可以根据出发城市、时间、旅游主题和价格等条件进行筛选。

(3)预订当地游览和体验活动,如参加旅游团、游览名胜古迹、品尝当地美食等,从而深度体验当地的文化和风土人情。

(4)通过在线客服或电话咨询,获得专业的旅游建议和服务支持,解决旅游中可能遇到的问题。

图5-14 去哪儿网的"看世界"

去哪儿网的"看世界"板块,在新媒体运营中起着很大的作用。首先,去哪儿网在社交媒体平台上开设了官方账号,发布旅游相关的内容、优惠活动和产品推荐等信息,吸引用户关注和参与互动。通过"看世界"中的精品旅游信息和攻略,去哪儿网在社交媒体平台积累了大量用户。其次,去哪儿网通过优化网站内容和结构,提高网站的搜索引擎排名,从而增加网站的曝光率和流量,吸引更多用户使用"看世界"板块。很多用户发现的精品攻略,就是来自"看世界"板块。同时,去哪儿网鼓励用户在网站上分享旅游经验和评价,同时也积极回复用户的问题和反馈,提高用户满意度和口碑。

5.4.3 Airbnb与知名博主推荐

Airbnb(图5-15)是全球知名的线上住宿预订平台,旨在连接游客和当地房东,提供短期住宿和旅行体验。Airbnb是一个双边市场,游客和房东都可以在上面注册账户,互相连接。Airbnb采用基于社交网络的信任机制来确保房东和游客之间的交易安全。用户可以在平台上互相评价,评价可以帮助其他用户决定是否选择某个房东或游客。此外,Airbnb还提供了身份验证、信用卡支付等安全措施,以降低风险。除了住宿以外,Airbnb还提供一系列旅游体验,如导游服务、烹饪课程、文化交流等。其新媒体运营也非常成功。Airbnb在微博和微信上推出了"旅行小贴士""当地美食推荐"等主题内容,吸引了大量用户关注和参与。

图 5-15　Airbnb 官网

值得一提的是，Airbnb 在其营销活动中经常会利用社交媒体和知名博主的影响力来推广旅游品牌和产品。例如，Airbnb Experiences 活动是 Airbnb 推出的一项旅游体验服务，为用户提供各种独特、本地化的旅游体验。在这个活动中，Airbnb 会邀请知名博主和旅行家来分享他们的旅游体验和故事，以吸引更多的用户参与。Live There 活动旨在鼓励用户像当地人一样生活和旅行，而不是仅停留在旅游景点。Airbnb 邀请了一些知名博主来分享他们在当地的生活经验和建议，并利用社交媒体广告和赞助活动来推广活动。Night At 活动是 Airbnb 推出的一项特殊服务，为用户提供在博物馆、竞技场等特殊场所过夜的机会。在这个活动中，Airbnb 会邀请知名博主来参与这个特殊的住宿体验，并通过社交媒体和新闻报道来宣传活动。One Less Stranger 旨在鼓励用户通过分享和互动来建立更加友好的社区和世界。Airbnb 邀请了知名博主和艺术家来创作和分享他们的作品,并利用社交媒体和线下活动进行推广。

同步测试

1. 单项选择题

(1)二维码是生活中常见的一种工具,那么什么是二维码?( )

A. 一种可以看到立体图像的图片

B. 一种只能在黑白电视上显示的图片

C. 一种可以扫描得到文字或网址信息的图片

D. 一种用来记录音频信息的图片

(2)在 Windows 10 操作系统中,我们常使用操作系统自带的截屏工具进行截屏,下面哪个方法不是截屏的方法?( )

A. 按下 Print Screen 键　　　　　B. 同时按下 Alt＋Print Screen 键

C. 同时按下 Win＋Shift＋S 键　　D. 同时按下 Ctrl＋Alt＋A 键

(3)以下哪个是新媒体音频编辑的主要软件?( )

A. Adobe Premiere　　　　　　　B. Adobe Audition

C. Adobe Photoshop　　　　　　D. Adobe Illustrator

2. 多项选择题

(1)新媒体编辑器包括以下哪些类型?( )

A. 音视频编辑器　　B. 图片编辑器　　C. 漫画编辑器

D. 网页设计编辑器　E. 动画编辑器　　F. 社交媒体编辑器

(2)以下哪些软件不是专业截屏软件?( )

A. Snagit　　　　　B. 美图秀秀　　　C. QQ

D. Photoshop　　　E. Greenshot　　 F. Monosnap

(3)Adobe Photoshop 能完成以下哪些操作?( )

A. 图片的裁剪和缩放　　　　　　B. 文字和图形的添加

C. 调整图片的色彩和对比度　　　D. 编辑音频

创业营销技能实训项目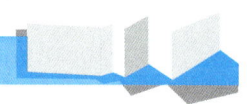

让身边成功案例激发创业火花

[训练目标]选择一个旅行目的地,化身旅游品牌策划团队,针对产品和服务特点制定新媒体运行策略。

[训练组织]学生每 6 人为一组,教师提供指导。

[创业思考]如何将创意与新媒体运营工具相结合?

[训练提示]教师可以在开始训练前要求学生按组成立项目组,确立项目组架构及分工,制定总体运营策略。

[训练成果]各组汇报,教师讲评。

案例分析

"探索旅行"遭遇业务瓶颈期

1. 新锐高端旅行品牌遭遇瓶颈期

2023年夏季,一家名叫"探索旅行"的新锐高端旅行品牌正在经历业务瓶颈。"探索旅行"致力于提供不一样的旅行体验,让游客真正地了解和体验当地文化和风俗。然而,尽管提供了很棒的旅游服务,但是品牌知名度却不高,市场份额也不占优势。"探索旅行"需要增加在线订购量和提升品牌知名度,于是它决定尝试通过新媒体营销来解决这些问题。

2. 开设旅行博客,定期分享有趣的旅行故事

"探索旅行"决定从社交媒体开始,在Instagram和Facebook上发布旅游图片和游记,并且邀请游客分享他们的旅游体验。这些内容不仅受到游客的欢迎,也被更多的人分享和转发,从而扩大了品牌的知名度。此外,"探索旅行"还邀请一些知名的旅游博主和摄影师前往旅游,并在他们的社交媒体上分享旅游经历和"探索旅行"品牌。接下来,"探索旅行"开始制作和发布自己的视频,邀请一些专业的摄影师和制作团队,制作出真正能够吸引人们的短视频。这些短视频不仅展示了"探索旅行"的旅游项目,同时也展示了当地的文化和风光。通过短视频的形式,不仅能更好地展示其旅游项目的独特之处,也更容易吸引年轻人的关注。"探索旅行"还决定推出自己的博客,邀请一些专业的旅游作家撰写有关旅游的文章,并分享旅游技巧、文化和景点信息。这些文章不仅提高了"探索旅行"的知名度,还能帮助游客更好地了解旅游目的地,从而更好地计划和享受旅游。

3. 与旅行地的非营利组织合作,提供独特旅游体验

"探索旅行"提供独特、奇妙和充满冒险的旅游体验,不仅关注旅游目的地本身,也包含关于文化、历史和当地人生活的内容,让人们能够更好地了解当地的风土人情。"探索旅行"主动与一些当地的非营利组织合作,为当地社区提供支持。

阅读以上材料,回答问题:

1. "探索旅行"运用了哪些新媒体运营工具进行营销?
2. "探索旅行"运营的成功之处在哪里?

第6章 微博运营与创意

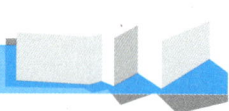

思维导图

本章学习目标

◆ 应用知识目标

1．掌握微博运营的基本概念、重要性及平台发展与影响；
2．理解微博运营策略的关键要素，包括目标受众分析、内容策划、品牌推广、用户互动以及数据分析；
3．了解教育行业微博运营的技巧和方法。

◆ 应用技能目标

1．能够独立分析和确定微博运营的目标受众，制定有针对性的运营策略；
2．能运用创意思维开发有吸引力的微博内容。

◆ 创业必知知识点

1．具备市场洞察能力，能准确把握微博运营市场需求和潜在机会；
2．具备基本的对教育行业微博运营策略的判断；
3．具备自主学习能力，能关注微博运营的行业动态和技术发展。

案例导读

东方在线教育微博运营

东方在线是某教育集团旗下的在线教育品牌。东方在线通过微博平台进行新媒体运营,实现了教育行业的营销推广和用户增长。东方在线的微博运营包括丰富内容、营销话题、与多位意见领袖合作、互动营销、进行数据分析等。

东方在线的微博内容包括教育资讯、学习技巧、课程信息、学员故事等,这些内容既有趣味性又具备实用性,吸引了大量关注。东方在线会分享学习方法、时间管理技巧、考试策略等实用内容,帮助学生提高学习效率。例如,东方在线可能分享一篇关于如何高效记忆的文章,为学生提供实用的记忆技巧。东方在线还会分享学员的成功故事和学习经验,以激发其他学生的学习兴趣和动力。这些故事往往充满正能量,能够帮助学生建立自信,坚定学习目标。

通过发起话题讨论和关注热点事件,东方在线在微博上吸引了更多目光。例如,关注高考、中考等大型考试,为学生提供备考建议,从而提高品牌知名度。东方在线在高考前一个月发起了一个与高考有关的话题。这个话题鼓励学生分享他们的高考备考经验、心得和学习方法。参与话题的学生可以获得东方在线提供的学习资料或课程优惠。这个话题迅速引发了众多学生和家长的关注,提高了东方在线的知名度和影响力。

东方在线与多位教育界的意见领袖进行合作,共同推广教育内容。这些意见领袖在微博上拥有大量粉丝,他们的影响力有助于扩大东方在线的知名度和影响力。东方在线会定期在微博上发起名师专访活动,邀请教育界的意见领袖就热门话题进行解读和分享。例如,邀请一位备受认可的高考数学教师,就高考数学备考技巧发表见解。这样的活动可以增加平台内容的丰富性,吸引潜在用户关注。

东方在线通过举办线上活动和微博互动来增加用户参与度。例如,组织微博问答、在线答疑等活动,鼓励学生和教师互动交流。同时,还会定期举行抽奖、优惠活动,激发用户的购买欲望。东方在线会发起与教育相关的热门话题,鼓励学生和家长参与讨论。

东方在线注重数据分析,以便更好地了解用户需求,通过分析微博数据,了解用户对内容的喜好,优化内容策略,提高转化率。

思考

东方在线的微博营销策略包括哪几种?你觉得哪种效果最好?

6.1 初识微博新媒体运营

6.1.1 微博平台的发展与影响

微博平台于2009年上线,通过提供用户自主发布文字、图片、视频等内容的功能,为人们提供了一种全新的社交方式。微博平台在推出初期便迅速获得用户的认可,注册用户数量迅速增长,是中国互联网社交媒体的主要平台之一。

除了用户数量的增长,微博平台的功能和应用也不断扩展。微博已经成为新闻传播、社交娱乐、品牌营销等领域的重要渠道。微博上的"微博热搜""微博话题"等功能,已经成为人们获取热点话题、新闻事件和社会热点的主要途径。微博平台的用户群体也在不断扩大,从最初的明星和名人用户,到普通用户和企业机构,都已经成为微博平台用户的重要组成部分。

微博平台在中国社交媒体生态系统中的地位日益重要,对社会、政治、经济和文化方面都产生了一定的影响。

1. 新闻传播

微博平台已经成为新闻传播的重要渠道之一。通过微博平台,人们可以获取第一手的新闻资讯和热点事件,也可以发表自己的看法和评论。微博上的"热点话题"和"微博话题"已经成为新闻媒体获取新闻素材和话题的主要途径之一。

2. 社交娱乐

微博平台是一个集社交和娱乐于一体的平台。用户可以通过微博平台认识新朋友、交流思想、分享生活,也可以通过微博平台获取娱乐资讯、观看短视频、听取音乐等。

3. 品牌营销

微博平台已经成为品牌营销的重要渠道之一。通过微博平台,企业可以向用户展示品牌形象、宣传产品、提供服务。微博平台上的明星、大V等用户也成为企业品牌营销的合作对象。

4. 社会事件和公共议题

微博平台上的热点话题和微博话题不仅反映了社会事件和公共议题的热度和关注度,也成为民意和舆论的重要表达途径。许多社会事件和公共议题在微博平台上得到了广泛讨论和传播,影响了政府决策、社会发展和文化变革。

5. 个人表达和言论自由

微博平台为个人表达和言论自由提供了更广阔的舞台。用户可以在微博平台上发表自己的观点、声音和情感,也可以参与公共事件和社会议题的讨论和辩论。微博平台为普通人提供了一个公共场所,使得每个人都可以成为自己的"微博大V"。

知识链接

微博热搜榜是什么?

微博热搜是微博平台的一个功能,它记录并展示了当前最热门的话题和关键词,也是用户了解社会热点、获取新闻资讯和发现有趣内容的重要途径。

微博热搜榜通常会显示出一定数量的热门话题和关键词,这些话题和关键词的排名是根据微博用户在一定时间内的热度、转发、评论、点赞等指标综合得出的。微博热搜榜的排名是实时更新的,用户可以随时查看到最新的热门话题和关键词。

微博热搜榜对用户具有一定的参考和引导作用。一方面,用户可以通过微博热搜榜快速了解当前最热门的话题和关键词,掌握社会热点和新闻事件。另一方面,用户也可以通过微博热搜榜发现有趣的内容和有意思的话题,参与社交互动和讨论。

然而,微博热搜榜也存在一些问题。一些人会利用刷榜等手段提高话题和关键词的排名,导致微博热搜榜上出现一些与真实热度不符的话题和关键词。此外,一些低俗内容和虚假信息也可能通过微博热搜榜的排名获得更多曝光,影响用户的判断和思考。

6.1.2 微博运营的重要性及其面临的挑战

1. 微博运营的重要性

微博运营是一种通过微博平台进行品牌营销、推广和宣传的方式。微博运营对于企业和个人而言都具有重要的意义,具体表现在以下几个方面:

(1)帮助企业树立品牌形象

通过微博平台进行品牌营销和推广,可以帮助企业树立品牌形象,增强品牌认知度和美誉度。微博平台是一个充满活力和创意的社交媒体平台,通过创意的内容和话题营销,可以让用户更好地了解和认识品牌,产生好感和信任。

(2)扩大企业的影响力

微博平台是一个开放、互动的社交平台,通过微博平台进行品牌营销和推广,可以扩大企业的影响力,吸引更多的用户和粉丝,提升品牌知名度和曝光率。微博平台的内容传播和扩散的速度较快,能将品牌的声誉和形象传递到更广泛的受众群体中。

(3)与用户进行互动和沟通

微博平台是一个具有社交功能的平台,通过微博运营可以与用户进行互动和沟通,了解用户需求和反馈,提供更好的产品和服务。微博运营可以通过发布内容、参与讨论、回答用户问题等方式与用户进行互动,增强用户的黏性和忠诚度。

(4)监测品牌声誉和舆情

微博平台是一个信息爆发和舆情聚集的平台,通过微博运营可以及时监测品牌声誉和舆情,了解用户对品牌的评价和反馈。微博运营可以通过关注用户的互动和反馈,及时回应用户的关切和问题,维护品牌形象和声誉。

2. 微博运营面临的挑战

微博作为一个主要的社交媒体平台,已经拥有了数以亿计的注册用户,但也意味着运营者在这个平台上面临着激烈的竞争。如何在这么多的用户和品牌中脱颖而出,提高自己的曝光率和转化率,是新媒体微博运营者需要面对的挑战。随着微博平台的不断更新和变化,新媒体微博运营者需要及时了解和掌握新的功能和特性,并适时地进行调整和优化。例如,微博平台的算法不断变化,需要运营者及时调整推广策略和发布内容,以适应新的算法规则。微博用户的阅读习惯和内容需求也在不断变化,新媒体微博运营者需要不断进行内容创新和更新,以满足用户的需求和关注点。在内容创新过程中,需要运营者保持创意和创新力,避免重复和雷同。微博平台作为一个信息爆发和舆情聚集的平台,新媒体微博运营者需要及时监测和应对各种舆情变化。舆情监测需要具备快速反应和灵活应对的能力,避免因为一些意外事件或舆情变化而影响品牌形象和声誉。微博平台的用户群体较为广泛,新媒体微博运营者需要对不同的用户进行管理和互动。如何管理好自己的粉丝和用户,建立用户关系和互动,是新媒体微博运营者需要面对的挑战。

综上所述,新媒体微博运营面临着竞争激烈、平台变化、内容创新、舆情监测、用户管理等一系列挑战。

二十大报告中强调了信息化的发展,这为微博等新媒体平台的创新提供了广阔空间。微博运营者可以通过信息化手段,提升内容创作的效率与质量。例如,运用大数据分析用户需求,针对不同群体进行精准推送;利用人工智能技术,生成更具吸引力的内容形式;运用短视频、直播等多媒体手段,使政策宣传更为生动和直观,增强用户的参与感和认同感。

同时,微博平台可以通过与政府部门、主流媒体的合作,共同推进政策的权威发布和解读,使微博成为公众获取政策信息的首选渠道。通过内容创新,微博运营可以更好地引导公众舆论,营造积极健康的网络氛围。

知识链接

新媒体微博运营的新知识

新媒体微博运营面临着越来越多的新知识和技术。当前,新媒体微博运营者需要具备更加多元化的技能和知识,不断学习和创新,以适应新的市场环境和用户需求。以下是随着新媒体技术的发展,可能会出现的新媒体运营的新知识。

1. 人工智能(AI)技术的应用

在新媒体微博运营中,人工智能(AI)技术得到了广泛应用。通过 AI 技术,可以实现自动化内容生成、智能推送和精准投放,提高微博运营效率和效果。例如,基于 AI 技术的自然语言处理可以帮助微博运营者实现智能内容生成和语义分析,提高内容的质量和可读性。

2. 数据分析的重要性

在新媒体微博运营中,数据分析变得更加重要。通过数据分析,可以了解用户行为和需求,优化内容和推广策略,提高转化率和用户满意度。新媒体微博运营者需要具备数据分析的能力,利用数据驱动营销和管理。

3. 智能客服的出现

在新媒体微博运营中,智能客服成为一个新的趋势。通过智能客服技术,可以实现自动化回复和问题解答,提高用户体验和满意度。新媒体微博运营者需要了解和掌握智能客服技术,以便为用户提供更好的服务和支持。

4. 社交电商的崛起

在新媒体微博运营中,社交电商成为一个新的商业模式。通过社交电商,微博平台作为一个销售渠道,直接向用户推荐产品和服务,提高销售效率和用户购买率。新媒体微博运营者需要学习和掌握社交电商技能,将微博平台打造成为一个集品牌营销和销售于一体的综合平台。

5. 多元化的内容形式

在新媒体微博运营中,多元化的内容形式越来越重要。除了传统的文本、图片、视频等内容外,还出现了更多的形式,如AR、VR、直播等。新媒体微博运营者需要关注和学习这些新的内容形式,不断创新和探索。

6.2 了解微博运营策略

6.2.1 目标受众分析与定位

微博运营策略中的"目标受众分析与定位",是指对微博用户进行细致的研究和分析,以了解他们的兴趣、需求、行为等方面的特征,从而确定合适的目标受众并进行有针对性的推广。这是一个非常重要的步骤,因为它可以帮助微博运营者更好地了解他们的受众,制订更有效的营销计划。

具体来说,目标受众分析与定位需要从以下几个方面进行考虑:

1. 人口学特征

人口学特征包括年龄、性别、地域等因素,可以根据这些特征来确定不同的目标受众。

2. 兴趣爱好

通过分析用户的兴趣爱好,可以确定用户对什么样的主题感兴趣,以及他们可能会在微博上关注什么类型的内容。

3. 消费行为

通过观察用户的购买行为、消费习惯等方面,可以了解他们的消费能力和购买需求,从而有针对性地推出适合他们的产品或服务。

4. 社交网络

通过分析用户的社交网络和交流行为,可以了解用户的社交活跃程度和影响力,以及他们可能会在微博上分享什么样的内容。

在进行目标受众分析与定位时,需要综合考虑以上几个方面的因素,通过数据分析和用户调查等手段,收集足够的信息,以便更好地了解受众的需求和行为,从而制定更有效的微博运营策略。

6.2.2 内容策划与发布

微博运营策略中的"内容策划与发布",是指在确定目标受众并了解他们的需求后,创作合适的微博内容,并在适当的时间发布这些内容,以达到营销宣传的目的。在这个过程中,需要制订出具体的内容计划,包括内容类型、发布频率、发布时间等。

具体来说,微博运营策略中的"内容策划与发布"需要从以下几个方面进行考虑:

1. 内容类型

根据目标受众的兴趣爱好和需求,制定出适合的内容类型,包括图片、视频、文字、长微博、话题等。这些内容类型需要与品牌形象和营销目标相匹配,同时也要与目标受众的喜好相符合。

2. 发布频率

根据品牌形象和目标受众的需求,制定出适合的发布频率。发布频率不宜过高,也不宜过低,需要根据受众的活跃度和需求进行合理的安排。

3. 发布时间

根据目标受众的上网习惯和行为,选择合适的发布时间。通常来说,发布时间不宜过早或过晚,需要在目标受众最为活跃的时间段进行发布,以提高曝光率和互动率。

4. 内容创意

在内容策划和发布的过程中,需要注重创意,制定出有趣、有用、有吸引力的内容。这些内容需要与品牌形象相符合,同时也要满足受众的需求和期望。

5. 内容管理

在发布内容的同时,需要进行内容管理,包括内容审核、内容更新、内容优化等方面的工作。这些工作需要对内容进行定期更新和优化,以保证内容的质量和效果。

通过以上的内容策划与发布,微博运营者可以制订出更加有效的微博营销计划,吸引更多目标受众的关注,提高品牌知名度和销售量。

6.2.3 用户互动与粉丝关系维护

微博运营策略中的"用户互动与粉丝关系维护",是指在微博平台上与用户进行积极互动,建立良好的粉丝关系,以增强用户的黏性,提高用户忠诚度和品牌认知度。

具体来说,微博运营策略中的"用户互动与粉丝关系维护"需要从以下几个方面进行考虑:

1. 回复用户评论和私信

及时回复用户的评论和私信,回答他们的问题,解决他们的疑虑,增强用户的信任感和忠诚度。

2. 开展互动活动

通过开展各种互动活动,如微博问答、抽奖、投票等,吸引用户的参与,增强用户的黏性和互动性。

3. 分享用户生成的内容

将用户生成的有趣或有用的内容分享到微博上,如照片、视频、评论等,展示用户的贡献,提升用户的自豪感和参与感。

4. 策划有趣的互动话题

通过策划有趣的互动话题,如"我的假期计划""我的旅行日记"等,吸引用户的参与和讨论,增强用户的互动性和社交性。

5.关注粉丝和互动达人

关注粉丝和互动达人,了解他们的需求和兴趣,建立更加紧密的互动关系,同时也可以通过他们的传播,扩大品牌的影响力和传播范围。

通过以上的用户互动与粉丝关系维护,微博运营者可以更好地与用户进行互动,与粉丝建立良好的关系,提高品牌的认知度和用户的忠诚度,进而实现更好的营销效果。

6.2.4 数据分析与运营效果评估

微博运营策略中的"数据分析与运营效果评估",是指通过对微博用户的数据进行分析,以及对微博营销活动的效果进行评估和反馈,不断优化微博运营策略,提高营销效果和投资回报率。

具体来说,微博运营策略中的"数据分析与运营效果评估"需要从以下几个方面进行考虑:

1.数据分析

通过分析微博用户的行为数据,如用户量、互动量、转发量、曝光量、评论量等数据指标,了解用户的兴趣和需求,优化微博内容和营销策略,提高曝光率和转化率。

2.效果评估

通过对微博营销活动的效果进行评估,包括曝光效果、互动效果、转化效果等方面的评估,了解活动的效果和优化空间,进而对策略进行调整和优化。

3.运营效果反馈

及时向品牌方反馈微博运营效果,包括用户互动、品牌知名度、销售量等方面的效果,帮助品牌方更好地了解营销活动的效果和优化空间。

4.营销策略优化

基于数据分析和效果评估,对微博运营策略进行优化和调整,包括内容创意、发布时间、推广渠道等方面的优化,以提高营销效果和投资回报率。

通过以上的数据分析与运营效果评估,微博运营者可以更好地了解用户的需求和行为,及时调整和优化微博运营策略,提高营销效果和投资回报率。

6.3 创意内容开发与实现

6.3.1 主题创意与内容创新

在进行主题创意和内容创新前,了解受众需求和兴趣是非常重要的。可以通过社交媒体数据、调查问卷、用户留言等方式了解受众的需求和反馈,从而为其量身定制主题和内容。好的主题能够吸引受众的注意力,可以从新闻热点、用户关注度高的话题、行业趋势等方面进行主题创意,尽量保持主题新颖和有趣。在设计内容时,可以从视觉、文字、音频、视频等多方面入手,使用有趣的表现手法、多样化的形式来呈现内容。例如,可以制作动态图、短视频、问答帖等,提高用户的参与度和留存率。新媒体运营需要整合内部和外部的资源。例如,可以与合作伙伴进行联合推广,共同制作有价值的内容,也可以挖掘品牌内部的资源,如员工故事、企业文化等,设计有意义的内容。为了保持用户的参与度,需要定期更新主题和内容。可以制作一个计划表,根据不同的时段和受众需求,推出新的主题和内容。

以一家餐饮品牌的新媒体运营为例。这家餐饮品牌发现其年轻用户群体喜欢分享美食照片,但是其在社交媒体平台上发布的美食照片并没有吸引很多用户的参与和关注。为了提高用户参与度和品牌知名度,该餐饮品牌的新媒体运营团队进行了主题创意和内容创新。他们先进行了市场调研,了解了年轻用户的喜好和关注点。随后,他们通过社交媒体平台的推荐算法和用户反馈,不断优化了平台的设计和发布内容的方式。接下来,他们开始进行主题创意和内容创新。例如,在中秋节这个时段,他们设计了一个主题叫"晒出你的中秋大餐",发布了一系列与中秋节相关的美食照片,每一张照片都搭配了有趣的故事和小贴士,引起了用户的共鸣。除了设计有趣的主题,他们还进行了内容创新。例如,他们使用了一些流行的表现手法,如动图、短视频等,增加了发布内容的多样性和趣味性。他们还进行了跨平台合作,与一些旅游平台和达人合作,推出了更有价值的内容,吸引了更多的用户关注。通过这些努力,这家餐饮品牌的新媒体运营团队成功地提高了用户参与度和品牌知名度。

6.3.2 文案撰写技巧与注意事项

新媒体文案的撰写是新媒体运营的重要环节之一,好的文案能够吸引用户的注意力、提高用户参与度和品牌知名度。以下是新媒体文案撰写技巧和注意事项:

1. 确定目标受众

在进行新媒体文案撰写前,需要明确目标受众,了解他们的需求和兴趣,从而选择合适的语言和表达方式。

2. 语言简洁明了

新媒体文案的撰写需要使用简洁明了的语言,避免使用过于复杂的词语和长句子,让用户容易理解和接受。

3. 引人入胜的开头

好的新媒体文案需要有引人入胜的开头,能够吸引用户的注意力并引起他们的兴趣,从而促使用户继续阅读下去。

4. 突出核心信息

在文案撰写中,需要突出核心信息,让用户一目了然。可以使用黑体字、变换颜色等方式来强调重点信息。

5.以用户为中心

好的新媒体文案需要以用户为中心,让用户感受到品牌的关注和关怀。可以使用用户故事、问题解答等方式来与用户进行互动。

6.图文并茂

图文并茂是新媒体文案撰写的重要方式之一,能够吸引用户的眼球并提高阅读体验。可以使用有趣的图片、漫画、短视频等方式来加强表达效果。

7.注意版权等法律问题

在进行新媒体文案撰写时,需要注意版权等法律问题,避免侵犯他人的权益。可以使用免费素材、授权图片等方式来避免版权问题。

8.定期优化

好的新媒体文案需要不断进行优化和调整,根据用户反馈和阅读数据进行修正和调整,从而提高文案的效果和品牌影响力。

6.4 微博运营工具

6.4.1 内容管理与发布工具

微博运营工具中的内容管理与发布工具是指用于管理和发布微博内容的一系列工具。在微博运营中,定期发布有吸引力和高质量的内容是非常重要的,内容管理与发布工具可以帮助微博账号管理者更有效地管理和发布内容,提高微博账号的曝光率和互动率。

具体来说,内容管理与发布工具包括具有定时微博、微博话题管理、视频管理与文章管理、评论精选、私信管理等功能的工具。这些工具可以帮助微博账号管理者规划、安排、发布和管理微博内容,提高微博的影响力和受众互动率。

1.定时微博

定时微博是一种微博运营工具中的功能,可以预先设定微博发布的时间和日期,自动发布微博内容。定时微博通常可以在微博的官方运营平台上找到。具体来说,可以按照以下步骤来找到定时微博(图6-1):

(1)在微博官网登录自己的账号。

(2)在"创作者中心"找到"内容管理"。

(3)选择"定时微博"选项。

(4)选择"发布定时微博"。

2.微博话题管理

微博话题管理是一项由微博提供的管理功能,用于管理用户创建的话题和跟踪相关的话题热度与讨论。微博话题管理工具不提供给普通用户使用,只有微博官方账号和认证用户能够使用。认证用户或官方账号,可以登录微博后台管理页面,在"营销中心—话题中心"中找到话题管理功能,但对于普通用户来说,没有该功能。

图 6-1　发布定时微博

3. 视频管理与文章管理

微博内容管理中的"视频管理"和"文章管理"工具是为了方便微博运营人员管理、编辑和发布视频与文章而设计的工具。这些工具可以帮助运营人员对微博平台上的视频和文章进行分类、审核、编辑、发布、下架等操作。具体来说,视频管理工具可以让运营人员上传、编辑、剪辑、添加字幕等操作,并且可以实时查看视频的播放量、评论数、转发数等数据,以便进行数据分析和优化。文章管理工具则主要用于管理和发布文字内容。运营人员可以使用该工具创建、编辑、发布和下架文章,也可以对文章进行分类、标签和关键词管理,以便用户更好地搜索和查找相关内容。

普通用户可以通过微博客户端或网页版的界面上传、发布、管理自己的视频和文章,但是没有视频管理与文章管理工具中的高级功能,如编辑、剪辑、审核等。普通用户也无法对其他用户发布的视频和文章进行管理和审核。

4. 评论精选

微博内容管理工具中的"评论精选"是一种筛选评论的功能。当微博用户发布一条微博后,其他用户可以在该微博下进行评论。如果该微博收到了大量评论,那么对于微博运营者来说,筛选出有价值的评论并展示给更多人是很重要的。这时候,"评论精选"功能就派上用场了。

"评论精选"功能可以通过自动或手动的方式,选出一些优质的评论,并将它们展示在微博页面的重要位置。这些评论可以是有趣的、有思想的或者是与该微博相关的评论。这种功能可以帮助微博运营者更好地管理微博内容,提高微博的内容质量和用户参与度。同时,它还可以让其他用户更容易地发现优秀的评论,提高微博社交平台的互动性和用户体验。

一般来说,"评论精选"工具是面向微博官方或认证用户的,普通用户一般无法使用该工具。但是,微博也有其他一些功能可以帮助普通用户筛选和展示自己或其他用户的评论,如可以通过点赞、转发等方式来展示优质的评论,或者通过搜索关键词来查找自己或其他用户的相关评论。

5. 私信管理

微博中的"私信管理"工具可以帮助用户更方便地管理其私信消息,具有私信群发、自动回复、自定义菜单、素材分组、开发者中心等功能。私信群发、自动回复、自定义菜单等功能需要用户开通官方运营功能后才能使用。这些功能能够以不同的形式(图片、音频、图文、文章)自动回复粉丝,只要粉丝私信触发了某些预设规则名就能得到精准的反馈。自定义菜单功能还可以实现链接跳转,大大提升了运营效果。

6.4.2 数据分析与监测工具

微博运营工具中的数据分析与监测工具包括数据总览、视频数据、粉丝数据、微热点四个板块。用户可根据这些板块进行以下工作:

1. 用户画像分析

了解用户的性别、年龄、地域、兴趣爱好、消费习惯等信息。

2. 数据监测

监测粉丝数量、互动数、转发数、评论数等数据。

3. 竞品分析

对同行业或同类产品的微博账号进行分析,了解其粉丝数量、互动数、转发数、评论数等数据。

4. 舆情分析

对微博上的热点事件、话题、品牌等进行监测和分析,了解舆情走向和用户情绪,及时回应和调整营销策略,保障品牌声誉。

5. 内容分析

对微博账号发布的内容进行分析,包括内容类型、内容形式、内容情感、内容互动等,了解用户喜好和需求,优化营销内容和策略。

6. 数据报告

对微博账号的数据进行汇总和分析,生成数据报告,提供数据可视化和数据导出功能,方便运营人员进行数据分析和决策。

6.4.3 微博广告与营销工具

微博广告与营销工具是一组用于帮助企业和品牌在微博上进行营销推广的工具。以下是其中一些常见的工具:

1. 微博推广

投放微博广告,将品牌信息推送给用户。

2. 微博互动

利用微博互动工具提高用户的参与度和活跃度。

3. 微博数据分析

分析微博用户的数据,了解用户的兴趣、需求和行为习惯,为品牌提供更准确的营销方案。

4. 微博话题

通过微博话题工具创建话题,吸引用户关注和参与,扩大品牌影响力。

5. 微博账号管理

通过微博账号管理工具管理企业和品牌在微博上的账号,包括发布内容、互动回复等。

6. 微博内容分发

通过微博内容分发工具,推送品牌信息到不同的用户群体中,提高品牌知名度和曝光率。

6.5 教育行业微博运营与创意案例

6.5.1 教育行业微博运营特点与关键因素

1. 特点

微博运营特点在很大程度上依赖于行业特性、目标受众和内容形式等方面的需求。教育行业微博运营有以下特点:

(1)内容多样化

根据不同受众群体,教育行业微博运营需要发布多样化内容,包括学术资讯、课程信息、教育动态、活动通知、招生信息等,以满足不同用户的需求。

(2)互动性强

教育行业微博运营注重与用户互动,通过发布话题、征集用户故事、举办线上活动等方式,吸引受众参与讨论,提高粉丝黏性。

(3)营销策略丰富

教育行业微博运营常结合限时优惠、折扣信息、合作活动等多种营销手段,扩大品牌影响力,吸引更多潜在用户。

(4)品牌形象塑造

教育行业微博运营需要通过传递教育理念、展示特色优势、分享成功案例等方式,塑造积极向上的品牌形象,树立行业权威。

(5)时效性强

教育行业微博运营需要紧跟教育政策、行业动态和市场趋势,及时发布相关信息,满足用户对新鲜资讯的需求。

(6)关注用户需求

教育行业微博运营需要密切关注用户需求,针对痛点和需求发布有针对性的内容,提升用户满意度。

(7)数据驱动

教育行业微博运营需关注数据分析,如粉丝数量、互动率、转发量等,通过数据分析优化内容策略,提高运营效果。

2. 关键因素

对于新媒体运营者来说,在分析教育行业微博运营的关键因素时,需要关注以下几个方面:

(1)内容策划

内容是微博运营的核心,因此需要精心策划高质量的内容。在教育行业,微博运营的重点应放在提供有价值的信息、有趣的观点和实用的学习方法等方面,以满足不同受众群体的需求。

(2)用户画像

深入了解目标受众的特点和需求,找到符合实际的用户画像。这有助于为不同群体提供定制化内容,提高受众满意度和黏性。

(3)互动与传播

积极与用户互动,鼓励用户参与讨论和分享。此外,还可以运用微博话题、活动等功能扩大传播范围,提高品牌曝光率。

(4)营销策略

制定有效的营销策略,包括限时优惠、折扣活动、合作推广等方式,吸引更多潜在用户,提高转化率。

(5)数据分析

定期收集和分析微博运营数据,包括粉丝数量、互动率、转发量等指标。通过数据分析优化内容策略,不断提升运营效果。

(6)品牌塑造

通过传递教育理念、展示特色优势、分享成功案例等方式,塑造积极向上的品牌形象,树立行业权威。

(7)时效性

紧跟教育政策、行业动态和市场趋势,及时发布相关信息,满足用户对新鲜资讯的需求。

(8)团队协作

强化团队协作,包括内容创作、设计、运营等方面人员,确保各个环节顺利进行,提升整体运营效果。

6.5.2 案例分析

2020年,教育部提出利用网络平台"停课不停学",新一轮的市场蓝海出现,众多教育企业、机构如雨后春笋般涌现,微博营销与运营成为在线教育机构获取用户的重要途径。

学而思、作业帮、猿辅导等大型教育企业抓住了这一契机,微博开屏、热搜、关键词搜索等品牌广告应接不暇,一方面加大品牌宣传力度,另一方面加强广告投放力度,品效联动。在提升品牌影响力的同时,抓住机会获取用户,使收益最大化。

学而思、作业帮、猿辅导等大型教育企业在充分分析产品调性后,制定相应的广告投放计划。然后根据投放产品来制作相关视频、图文素材,撰写编辑文案,筛选精准的受众人群。在投放维度方面寻求微博技术来帮助挖掘相关人群数据包,达到前期测试精准投放的目的。微博新增的聚宝盆营销功能是教育用户的不二之选。用户可以选取粉丝影响力较大的教育、母婴等板块关键意见领袖发出教育相关性的推广博文,通过聚宝盆将该博文绑定在粉丝通后台,利用粉丝通后台以广告的形式将博文投放给目标受众。这种一次发博无限使用的机制,既摆脱了关键意见领袖直发、转发产品广告博文后时效性差的窘境,也更好地利用了关键意见领袖粉丝影响力来打造教育品牌,从而创造出更高的营销价值。以下是一些教育品牌的实际案例:

1. 学而思

客户背景:学而思网校为6~18岁孩子提供小初高全学科课外教学,纽约证券交易所上市公司旗下品牌。十余年教学沉淀,"直播+辅导"双师模式,人工智能技术辅助教学。老师带着学,私教带着练,课堂互动多,课程有回放,及时答疑,随时退费。

转化数据:点击成本5~6元,售客成本200~250元,日消耗100 000元。

投放策略:采用原生笔记的形式进行广告投放,提升广告真实性和说服力,文案结合产品详情,直击痛点,放入购课链接引导用户下载。

2. 火花思维

客户背景:火花思维是一家基础教育(K12)领域在线儿童教育平台,专注于为3~12岁儿童提供教育启蒙和思维训练,通过在线直播互动方式和一线教研经验团队自主研发的课程,培养学生的思维能力、专注力等核心基础能力。

转化数据:点击成本3~4元,获客成本下降70%,日消耗10 000元。

投放策略:深度挖掘媒体属性,通过聚宝盆和关键意见领袖联动,在粉丝通后台选取并投放关键意见领袖直发博文,利用其粉丝影响力带动品牌效应,达到更有效的转化。

3. 魔力耳朵

客户背景:魔力耳朵是在线少儿英语品牌,专注为4~12儿童提供轻松、愉快、高效的在线英语学习体验。

转化数据:点击成本:2~3元,注册成本150元以内(对比之前下降30%),日消耗10 000元

投放策略:主要借用关键意见领袖直发博文,带动品牌影响力。采用转发体的方式,

将博文转发再进行广告投放，提升二次传播率，充分利用了微博的社交属性价值，增加广告感官热度，利用品牌效应及优惠活动来扩散热点势头，达到更好的转化。

同步测试

1. 单项选择题

(1)"微博热搜榜"是指下列哪一项的排行榜？（ ）
　　A. 微博上的最新热门话题排行榜　　B. 微博上的所有用户排行榜
　　C. 微博上的所有微博排行榜　　　　D. 微博上的所有评论排行榜

(2)在新媒体微博运营中，最需要应对哪项挑战？（ ）
　　A. 硬件设备的不断更新　　　　　　B. 社交平台的盈利问题
　　C. 激烈的竞争和提高曝光率的挑战　D. 运营者的学历和资历问题

(3)在微博官方运营平台上"创作者中心"中"内容管理"可以找到哪种微博运营工具？（ ）
　　A. 定时微博　　　　　　　　　　　B. 关键词搜索
　　C. 热门话题推荐　　　　　　　　　D. 私信自动回复

2. 多项选择题

(1)以下哪些是微博运营对于企业和个人的重要意义？（ ）
　　A. 帮助企业树立品牌形象　　　　　B. 提高企业的盈利能力
　　C. 扩大企业的影响力　　　　　　　D. 帮助企业获得更多投资
　　E. 与用户进行互动和沟通　　　　　F. 监测品牌声誉和舆情

(2)以下哪些是微博运营策略中需要考虑的内容类型？（ ）
　　A. 文字　　　　B. 图片　　　　C. 视频　　　　D. 音频
　　E. 长微博　　　F. 话题

(3)微博运营中，以下哪些是数据分析与检测工具的主要功能？（ ）
　　A. 监测微博账号的粉丝增长情况
　　B. 检测微博的转发量和评论量
　　C. 分析微博用户的年龄和地域分布
　　D. 评估微博营销效果，制定优化策略

创业营销技能实训项目

制订一份教育行业微博营销计划

[训练目标] 选择一个在线教育品牌，化身新媒体微博运营专家，针对教育产品的类型和服务特点制定微博运行策略。

[训练组织] 学生每6人为一组，教师提供指导。

[创业思考] 如何将教育行业特点与微博运营策略相结合？

[训练提示] 教师可以在开始训练前要求学生按组成立项目组，确立项目组架构及分工，制定总体运营策略。

[训练成果] 各组汇报，教师讲评。

案例分析

小王在微博上看到一则来自某在线教育平台的广告，宣传其提供的在线英语课程可以帮助学生在短时间内快速提高英语水平。小王的英语水平一般，目前在积极准备研究生考试，英语对于他的考试来说非常重要，于是他产生了浓厚的兴趣。

小王想要参加这个在线课程，但他也有一些担心：在线课程会不会不够专业？效果会不会不如传统的面对面授课？于是他在微博上搜索了相关话题，并在教育行业领域的一位微博博主的账号下留言询问这个在线教育平台的课程质量如何。

这位微博博主是一名教育界的专家，对教育行业非常了解，他很快回复了小王的问题。他指出，这个在线教育平台的课程是由一批经验丰富的外教授课，课程内容丰富，质量上乘。而且，该平台还配备了专业的学习监督系统，可以对学生的学习情况进行跟踪和评估，保证学生的学习效果。

经过博主的介绍，小王放下了心中的疑虑，最终选择了该在线教育平台的英语课程，并在微博上分享了他的学习体验。他表示，这个在线教育平台的课程真的非常不错，外教讲课生动有趣，而且课程设置科学合理，学生可以根据自己的情况进行学习，学习效果显著。

由此可见，在教育行业中，微博等社交媒体平台可以为学生和家长提供一个互动交流的平台，让他们更好地了解和选择教育资源，同时也为教育机构提供了一个展示自身优势的机会，促进教育行业的发展。

阅读以上材料，回答问题：

1. 该在线教育平台是如何成功吸引小王的？
2. 教育类行业的微博营销有哪些优势？

第 7 章 微信运营与创意

思维导图

本章学习目标

◆ 应用知识目标

1. 领会微信运营与创意；
2. 识记微信营销的含义；
3. 理解微信运营的流程。

◆ 应用技能目标

1. 掌握微信运营的技巧；
2. 掌握微信引流的运用。

◆ 创业必知知识点

1. 微信运营的运用；
2. 朋友圈运营实操。

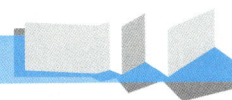
案例导读

火爆的朋友圈微商

知名自媒体人透露："朋友圈微商以家庭主妇为主，80%是卖面膜的。"这些卖面膜的微商很大一部分以发展代理为目标，以囤货为发展动力，层层分销，级级压货。朋友圈微商准入门槛低,熟人容易传播,监管处于真空状态,所以很多微商肆无忌惮。与此同时,微商是朋友圈营销还是朋友圈传销引起了大家的广泛争议,如何避免传销这个问题?如今很多微商进入女性护肤品、化妆品市场,这将是微商最糟糕的时代,因为微商产品同质化越来越严重;但这也是一个蕴含着许多创业机遇的时代,因为创业门槛越来越低,机会越来越多,成功的可能性就越来越大。在微商市场,还有男性市场与一些垂直细分领域有待发掘,不要将目光局限于女性市场。

> **思考**
>
> 火爆后的朋友圈微商是营销还是传销?

微信自推出以来,就迅速占领了国内即时通信行业市场,腾讯公司成功地将微信打造成为和 QQ 一样的移动社交产品。当然,时至今日,微信所提供的服务和功能早已突破了过去简单的聊天功能,微信红包、转账支付、朋友圈、公众号新闻、微信群、微信城市服务、移动广告等服务的推出早已经渗透到金融、电商、餐饮等众多行业和领域中。换言之,微信早已突破移动社交的范围,成了移动互联网时代的新兴网络平台。

7.1 认识微信营销

7.1.1 微信营销概述

1. 微信营销的含义

微信营销是一种基于用户群体与微信平台的全新网络营销方式。它通过微信软件与微信用户搭建一个类似"朋友"的关系链,并在该社交关系中借助移动互联网特有的功能打造全新的营销方式,如"漂流瓶"营销、公众平台营销等,传播产品信息,传达品牌理念,从而实现促进产品销售、强化企业品牌的营销目的。

2. 微信营销的特点

微信营销是因微信的兴起而出现的一种全新的营销方式,因而微信营销无可厚非地带有微信的特色和表现形式,主要有以下特点:

(1)"一对一"互动营销

微信是一款基于个人通信的即时通信工具,用户在微信上的互动是"一对一"的,在完成信息推送之后,商家可以根据用户的反馈与其进行一对一的对接,根据用户的需求量身定制解决方案,这种营销给用户的感觉往往是"专一的""私密的"。因此,微信营销更接近于朋友化、人性化的营销,它运用亲切动人的语言和图片,拉近了商家和用户之间的距离,从而提高了用户黏性。

(2)信息到达率高

通过微信,商家可以将企业的活动信息及产品的相关信息完整无误地发送到用户的移动终端上。同时,微信收到未读信息时会以铃声、图标等方式提醒用户阅读,加之手机端的移动便携特征使用户可以随时随地读取信息,从而实现了微信信息的高到达率。

(3)强关系营销

微信的一对一产品形态注定了其能够通过互动的形式将普通关系发展成为强关系,从而产生更大的价值。微信建立联系的方式是互动,互动就是聊天,可以解答疑惑,可以讲故事甚至可以"卖萌",用一切形式让商家与用户成为朋友关系,你不会相信陌生人,但是会信任你的"朋友"。

(4)初期成本较低,维护成本较高

相对于投放传统的电视、报纸、户外广告,微信营销的成本要低廉得多。目前申请公众号是免费的,企业只需一点流量就可以向粉丝推送广告信息。但是,当微信公众号粉丝数量增加时,企业就需要投入大量的人力、物力、财力与粉丝做好互动沟通,此时会产生较高的成本。同时,为了留住粉丝,商家必须不断制作高质量的文案、图片等内容,因此做好微信公众号的运营比申请一个账号群发硬广告要复杂得多。

3. 微信营销的优势

随着移动互联网时代的到来,越来越多的用户开始使用微信聊天、晒朋友圈、阅读公众号文章,微信俨然已经成为移动互联网世界中的重要流量入口,承载着数以亿计的用户,这让许多企业开始重视微信营销。微信营销具有以下优势:

(1)海量的潜在客户

根据腾讯控股财经报的报道数据,2011年1月21日腾讯公司推出即时通信工具——微信,在距其推出仅400余天后的2012年3月29日,微信用户数量便突破了1亿;2012年9月17日,腾讯首席执行官在微信上宣布腾讯旗下移动互联网产品微信用户数量突破2亿。从0到2亿用户,微信只用了14个月,而到了2016年微信用户数量更是超过了8亿。用户导向即市场,有人的地方就有市场,何况是微信拥有数以亿计的海量用户。

(2)营销成本低

微信软件本身的使用是免费的,使用各种功能都不会收取费用。每一个人都可以申请自己的微信公众号,并在微信公众平台上以文字、图片、音频、视频、语音等多种方式与用户进行全方位的沟通和互动。在微信上实现这些诉求的成本几乎为零,这就极大地减少了商家的宣传推广费用。

(3)营销定位精准

微信公众号让粉丝的分类更加多样化,商家可以通过后台的用户分组和地域控制,实现精准的消息推送,同时基于位置服务的营销可以明确地知道目标用户群体所在的大致位置。也就是说,商家可以"一对一"更具针对性地向用户推送广告消息或提供服务,也可以针对某一地域或者某一地区的用户进行消息的推送。

(4)营销方式多元化

微信作为一款即时通信工具,拥有强大的功能,这使得基于微信开展的微信营销也有着丰富多样的营销方式,摇一摇、漂流瓶、附近的人、二维码、朋友圈等多种功能都成为微信营销的方式。功能多样不仅让商家拉近了与用户的距离,还使营销活动变得更加生动、有趣,从而更加有利于营销活动的开展。

(5)营销方式人性化

微信营销最大的优点是亲民而不扰民,用户可以自由选择是否接收信息,并且微信公众号每天只能群发一次消息,一次最多发送8条,从而给用户带来了更大的选择空间。

(6)能够获得更加真实的用户群

微信营销不同于微博营销,这主要表现在微信作为即时通信工具,是一对一进行沟通和传播信息的,用户的真实性更高。对于开展微信营销的商家来说,通过微信获得粉丝营销的价值或意义更大,更易于为商家带来效益,实现营销目的。

(7)营销信息送达率高,信息交流的互动性更加突出

在微信上,每一条信息都是以推送通知的形式发送,信息很快就可以送达用户微信移动客户端,到达率可以达到100%,传播到达率高于微博。而且微信具有很强的互动即时性,无论在哪里,只要带着手机,就可以方便自如地同潜在用户进行互动沟通,同时微信可以24小时在线沟通,能更加方便地与用户随时随地进行互动。

7.1.2 微商概述

1. 微商的含义

微商是基于移动互联网的空间、借助社交软件、以人为中心、以社交为纽带的新商业。微商是继电商之后兴起的一种网络商业模式,其以微信、微博、微商城(微店)为载体,以移动智能终端为硬件基础,借助社交网站开展产品及服务的营销。微商经营的产品主要是一些利润较高的快消品,微商从业者具备严格的等级和收益划分,且市场定价制度一般比较严格。

2. 微商的分类

微商具有多种分类,主要以经营方式和产品为分类依据。一般来说,微商按经营方式主要分为以下几种:

(1)微商城主要是借助微信公众号、微信朋友圈和微博等媒介推送微店和微商城的产品。交易均通过微店和微商城进行,属于比较有保障的模式。

(2)微分销主要销售一些比较纯粹的单品或者实用的商品。这些商品拥有自主品牌,具备快消品属性。该类微商主要以招募代理实现层级铺货进行分销,多为美容护理方面的产品所采用。

(3)微连锁属于O2O模式,线上线下结合,以实体店加盟的形式参与营销。

3. 微商的优势

微商绝非简单的朋友圈卖货。单纯的朋友圈卖货通常在产品的质量、品类的选择、物流、维权等方面会存在许多问题,难免会充斥着大量非法、暴利的三无产品。随着微信官

方对朋友圈恶意营销的严厉打击和用户对其广告的深恶痛绝,新的移动电商平台的崛起使朋友圈卖货走向消亡。

在微商模式下,朋友圈只是C2C阶段的一个方面,微商C2C在产品的质量、品类的选择、物流、维权等方面均交由B端货物供应者(厂商、供货商、品牌商)来解决。微商模式最大的好处是将多种渠道所接触的用户汇聚起来,形成一个属于商家自己的大数据库,从而实现个性推荐、精准营销。微信是一个绝佳的用户管理平台,将各渠道的用户汇聚起来后便能实现畅通无阻的通道模式,直接消除一切中间障碍,商家在公众号上能与用户直接接触。当用户使用商家的产品后,若发觉价格、效果均不错,可以通过商家统一搭建的微信商城入口申请成为微客。微客可以分享商品链接到朋友圈、微博、QQ空间等社会化媒体上,实现基于熟人推荐方式的裂变式分销。同时,每一件由微客销售的商品,均可获得一定的分红或优质正品+分佣奖励,双重奖励机制可以有效激发微客的分享动力。

4. 微商的理念

"微商五条"完善了此前提出的"微商三条"。"微商三条"的红线曾受到业界热议,而升级版"微商五条"直面微商"三无、传销、骚扰"三大质疑,首次从产业人士角度来界定"什么是微商"。微商基于有品质的正规产品,微商建设正规有限的渠道;而传销渠道层级则是越多越好,通过无限累积金字塔渠道层级本身获利,无关产品。

"微商五条"表述如下:

(1) 需求真实,产品有品质保证。假货劣质、没有质保条件不是微商。

(2) 自己或亲人使用。无体验分享不是微商。

(3) 信息节制得体。骚扰不是微商。

(4) 渠道为正常几个层级。无限发展渠道层级谋利不是微商。

(5) 为更好地生活而不是一夜暴富。成功学与大忽悠不是微商。

5. 微商的作用

微商最大的优势在于沉淀用户,实现分散的线上线下流量完全聚合。事实上,微信的原点是社交而非营销工具,这就决定了微商比传统电商更能精准找到用户群和互联大数据,从而大幅提升商家服务和订单量。

对企业而言,微商是去中心化的电商形态。淘宝是计算机时代的产物,大多数传统零售商家在淘宝基本赚不到钱,而且面临如何沉淀用户等难题。一方面,无论是什么类型的店铺,为商家带来订单的用户属于淘宝平台,并非商家所有;另一方面,用户主要通过搜索完成下单,商家缺乏与用户直接沟通的渠道,无法了解用户的真实需求。

6. 微商公约

野蛮生长的微商需要借助公约加以约束,分销是微商发展的关键,但需要技术手段来规范。微商由基于微信服务号的B2C微商和朋友圈开店的C2C微商组成,微商正迎来爆发式增长,但从事微商的商家们也意识到其正面临着包括朋友圈暴力刷屏、产品质量无法保证、同质化严重、品牌周期短等严重问题。

7.2　微信营销的形式

7.2.1　微信公众号

利用公众号进行自媒体活动,简单来说就是进行一对多的媒体性活动,如商家申请微信公众服务号,通过二次开发展示商家微官网、微会员、微推送、微支付、微活动、微报名、微分享、微名片等,这已经成为一种主流的线上线下微信互动营销方式。

微信公众号是开发者或商家在微信公众平台上申请的应用账号,该账号与QQ账号互通。通过微信公众号,商家可在微信平台上实现与特定用户群体间包括文字、图片、语音、视频等全方位沟通、互动。

7.2.2　微信小程序

微信小程序自2017年1月9日发布以来就是一种基于微信运行的程序。微信作为一个移动端操作系统,在微信基础上运营一个企业的小程序,用户不需要下载和安装,从而方便用户使用。

1. 微信小程序的含义

微信小程序是一种无须下载即可使用的应用。用户只要搜一搜或者扫一扫即可打开应用。微信小程序是一种全新的连接用户与服务的方式,它可以在微信内被便捷地获取和传播,同时具有出色的使用体验。它实现了应用触手可及的梦想,也体现了用完即走的理念。在这样一种应用程序的形态里,所有应用程序应该是无处不在但又可以随时被访问的状态。

2. 小程序与App的区别

微信小程序刚刚发布时,许多创业者想当然地以为这又是一波流量红利、爆发性风口,于是匆匆开发小程序上线,但往往在运营一段时间后数据惨淡,便对微信开发中的小程序市场失去了信心。

其实并不是小程序用处不大,而是部分开发者没有找准自己的小程序定位。随便打开手机上的一些常用App,可以观察到其中的一些主流设计理念:抢眼的首屏欢迎页,至少三个按钮的底部导航栏,多层级的栏目分类,隐含各种热门关键词的搜索框,有些甚至还搭建了复杂的用户管理中心和社交功能……一个完整的App必定是将尽可能多的功能融合在一起,聚合成一个能解决大多数用户主流需求的服务平台。可是,如果将这样的产品理念带到微信小程序的开发中,很多问题就出现了。小程序本来是内置于微信这个超级App上的应用,如果一个小程序还附带好几个功能,那么对用户来说反而会变成累赘。微信小程序应该聚焦某个功能点,成为随时解决用户单一需求的工具。

一家中小型互联网企业,一般情况下只需要开发和运营一个原生App。因为一个原生App不仅可以展示丰富的内容,还可以集各方面的功能于一身,所以一个原生App就能将一家企业的产品和服务完整地展现出来。而如果开发一个微信小程序,就不需要太多的功能和内容。企业应该将自身的产品和服务拆分成一个个单独的功能,而每个小程序分别对应不同的功能。只有这样,用户才能在某个特定的场景,不受其他无关信息的干扰,快速找到解决某个需求的小程序。

很明显,微信希望每个小程序都可以在具有一定联系的情况下保持相对独立。只有这样,微信小程序才能真正做到"用完即走"。所以,微信小程序应该是一个聚焦某个功能的工具,而不是一个繁杂散乱的平台。用户需要小程序可以即刻解决自己在某一方面的需求,而不是在它上面消耗过多的时间。

3. 小程序的价值

易开发,小程序的开发难度比App至少低一半,小程序还能跨平台,且具有接近原生App的体验,大幅减少了应用开发的人力,降低了创业门槛。易更新,小程序基于Web,可以即时更新(如不考虑微信的审核),有效加速产品的迭代。易互通,小程序之间通过链接就可以相互协调、传递数据。易搜索,小程序中的数据方便搜索引擎索引,可以打破App信息孤岛。易使用,应用小程序时无须安装卸载,即点即用。易传播,小程序的优势除了流量更大之外,还有着其他产品没有的传播量的优势。易推广,利用微信强大的社交流量,获得用户的成本低且更精准。易变现,微信支付的基础设施已经搭建好,用户的支付习惯已经养成,微信的广告生态也日益成熟。

7.2.3 朋友圈 H5 页面

1. H5 的含义

H5是HTML5的简化用语,指用H5语言制作的一切数字产品。H5可以集文字、图片、音乐、视频、链接等多种形式来于一体来展现页面,具有丰富的控件、灵活的动画特效、强大的交互应用及数据分析等功能,可以快速地传播信息,非常适合企业通过微信向用户展示和分享信息。H5所具有的灵活高效、成本较低及制作周期短等特点使其成为当下企业微信营销的重要方式,常见于企业活动宣传、产品介绍、会议邀请、公司招聘等。

2. H5 页面类型

活动目标不同,所选择的H5页面类型也不相同。通常根据设计目标和功能要求,H5页面类型主要有活动运营型、品牌宣传型、产品介绍型及总结报告型。

(1)活动运营型

为活动推广运营而打造的H5页面是最常见的类型,包括游戏、邀请函、贺卡、测试题等多种形式。与以往简单的静态广告图片传播不同,H5活动运营页需要有更强的互动、更高的质量、更具话题性的设计来激发用户分享传播。从进入微信H5页面到最后落地品牌App内部,设计一套合适的引流路线颇为重要。

(2)品牌宣传型

不同于讲究时效性的活动运营页,品牌宣传型H5页面等同于一个品牌的微官网,倾向于品牌形象塑造功能,目的是向用户传达品牌的精神和态度。这种页面在设计时需要运用符合品牌气质的视觉语言,让用户对品牌留下深刻印象。

(3)产品介绍型

产品介绍型页面聚焦于产品功能介绍,运用 H5 的互动技术优势尽情展示产品特性,引导用户下单购买。

(4)总结报告型

许多企业对于公司的年终总结热衷于采用 H5 页面展示,通过优秀的互动体验使原本单调乏味的总结报告变得生动有趣起来。

3. H5 页面设计类型

确定了 H5 页面功能目标后,就进入了页面的设计阶段。这时需要运营人员考虑具体的应用场景和传播对象,从用户的角度出发去设计 H5 页面。概括起来,按照活动形式来选择的 H5 页面设计类型包括简单图文型、贺卡邀请型、问答测试型及游戏型。

(1)简单图文型

简单图文型是早期最典型的 H5 页面形式。"图"的形式千变万化,可以是照片、插画、GIF 图片等。这种 H5 页面通过翻页等简单的交互操作,起到类似幻灯片的传播效果,考验的是高质量的内容本身和讲故事的能力。

(2)贺卡邀请型

每个人都喜欢收到礼物的感觉,抓住这一心理,很多企业设计出了各种 H5 页面形式的礼物卡、贺卡、邀请函,通过提升用户好感度潜移默化地达到品牌宣传的目的。

(3)问答测试型

问答测试型 H5 页面屡见不鲜,它利用的是用户的求知欲和好奇心,抓住了用户关注自己最后成绩的心理。制作这种页面时要有一条清晰的线索,最后到达的结果页也要符合正常逻辑,如果能辅以出彩的视觉和文案,弱化答题的枯燥感就更好了。

(4)游戏型

H5 游戏型页面因为操作简单、竞技性强,一度风靡朋友圈,但缺乏创意和同质化现象导致用户对无脑小游戏逐渐产生了厌倦。品牌要想通过游戏的形式进行宣传,需要在游戏环节和设计上多下点功夫。

7.2.4 微盟

微盟是一个针对微信公众号提供营销推广服务的第三方平台。作为目前国内最大的微信开发服务商,微盟基于微信为广大商家提供开发、运营、培训、推广等一体化解决方案服务。其服务范围包括实现线上线下的互通服务、社会化客户关系管理、移动电商、轻应用等综合类业务服务。微盟旗下提供的产品和服务多种多样,主要包括以下几个:

1. 微官网

微盟在国内首创了微信 3G 网站,用户只要通过简单的设置,就能快速生成属于自己的微信 3G 网站。微官网拥有各种类型的精美模板可供用户自定义选择,从而满足了用户的个性化需求,给用户带来与众不同的感觉和良好的使用体验。

2. 微场景

微场景以其丰富多元的创意展现重新定义了广告传播的新模式,帮助商家实现病毒式营销。同时,它也支持各种图片风格和背景音乐,主题风格可以自定义设置,因而宣传方式独特。

3. 微信会员卡

微信会员卡可以将企业的会员卡植入微信中,清晰记录企业用户的消费行为并进行数据分析;还可根据用户特征进行精细分类,从而实现精准营销。同时,该功能可以帮助企业轻松实现客户关系管理,建立集品牌推广、会员管理、营销活动、统计报表于一体的微信会员管理平台。

4. 互动系统

微信具有强大的交互性,微盟线上平台推出的具有互动营销功能的插件近百种,商家使用简单的插件就可以在微信公众平台发起各种营销活动。这些功能一方面降低了中小企业策划活动的技术门槛,方便高效,制作周期短;另一方面也降低了企业宣传活动的推广费用,而且活动形式新颖,可以有效增加公众号粉丝,提高公众号活跃度和企业口碑,获得更多的经济收益。

7.3 微信运营与营销

7.3.1 企业微信运营平台推广

1. 微信运营平台推广

微信运营平台推广是指在微信平台内部对微信公众号进行宣传。微信运营平台的推广作为微信公众号推广的主要渠道,历来深受微信运营者的重视,常见的微信运营平台的推广方式主要有微信群推广、微信公众号互推、线上广告投放、免费分享"干货"知识、投票、H5 页面及推荐给亲朋好友等。

(1)微信群推广

在社群营销火热发展的今天,越来越多的微信营销者开始将微信群作为公众号推广的重要渠道。通过持续不断地推送优质内容的文章,吸引潜在的读者成为自己的忠实用户。

但需要注意的是,要长久保持微信群的活跃度就要及时设定好群规则并注意平时维护,而不是直接把文章或者推广信息发到群里,这种硬广告式的粗暴方法很容易引起群成员的反感,所以在发送文章时,最好附加一些评论,多与群内成员互动,提高用户在群内的活跃度。

(2)微信公众号互推

找到与自己的微信公众号用户群体重合的其他微信公众号,相互推广,这也是时下较为流行的公众号推广方法。使用该方式进行推广的优点是简单快捷、效果好,不过前提是要推广的微信公众号本身已拥有一定的用户数量,因而对于用户数量少、影响力小的企业公众号来说,门槛较高。为此需要前期先积累一些用户,再找人合作互推。

(3)线上广告投放

"花钱省时间,省钱花时间",对于广告预算充足的企业而言,投放线上广告是快速吸引粉丝、提高曝光率的有效方式之一。微信的线上广告主要有公众号广告、朋友圈广告及网赚类转发等。

①公众号广告

公众号广告是基于微信公众号生态体系,以文章内容的形式出现在公众号文章中的广告,它提供公众号关注、移动应用下载、卡券分发、品牌活动广告等多种官方推广形式,支持多维度组合定向投放,能实现高效率转化。

②朋友圈广告

朋友圈广告投放是基于微信公众号生态体系,以类似朋友的原创内容的形式在朋友圈中展示的原生广告。用户可以通过点赞、评论等方式与此公众号进行互动,并依托社交关系链传播,为品牌推广带来加乘效应。这种方式的广告费按曝光次数计费。

③网赚类转发

这种推广方式类似微信积分墙,用户转发文章到朋友圈即可收钱,并且还可根据给文章带来的阅读量获得提成。

(4)免费分享"干货"知识

知识经济时代,人们对知识的需求越来越强烈,大量网民愿意为知识服务付费,因而微信营销者可以通过免费分享或者赠送"干货"知识给用户的方式吸引用户关注公众号。为此,可以把行业内的相关知识制作成图文并茂的精美的电子文档,通过与用户互动,留下用户的邮箱,分享"干货"知识给对方。

(5)投票

通过微信公众号发起投票活动也是一种推广微信公众号的常见方式。通过微信公众号发起各种选萌宝、选最佳员工、选优秀团队的投票活动,提升用户的参与度,这种活动利用的就是人们普遍存在的希望被认可的心理。同时,活动中的候选人可能会拉票,以期得到更多的人气和票数,这种做法在本质上起到了积极配合推广活动,使公众号获得更多曝光率的作用。

(6)H5页面

近年来,H5页面凭借其简单快捷、生动有趣的设计在移动前端市场形成了火爆局面,吸引了大量用户的眼球,同样也备受微信运营者的关注。通过 H5 页面设计一些生动有趣的小游戏或者商业活动以吸引大量用户的关注,成为推广微信公众号的高效方式之一。这类活动形式多样,如朋友互动、趣味游戏、有奖竞猜等。

(7)推荐给亲朋好友

对于运营时间较短的微信公众号来说,一般情况下其影响力较小、用户量较少,所以在推广前期主要应通过亲朋好友的强关系推荐获取一些用户,积累微信公众号的用户数量。邀请他人关注,并且发动亲朋好友推荐给更多的用户的推广方式,俗称"刷脸"。

知识链接

微信搜索

如今,很多移动互联网创业者把"抢占搜索入口"作为奋斗目标,微信作为营销市场哄抢的对象,它的搜索功能也在不断变化和更新。未来的引擎市场份额很有可能会被微信搜索侵占一部分。

微信搜索是微信应用中的搜索功能,主要是整理微信的内容,帮助微信用户通过名称或关键词搜索微信中出现过的相关资讯、动态,获取微信实时信息和热点。用户打开微信,点击微信界面最上方的  按钮即可进行信息搜索。微信搜索是一种快速、准确获取微信信息的方式。用户通过微信搜索技术,可以对微信中出现的实时热点进行分析,得出时下最受用户欢迎和讨论最热烈的产品、话题等。

微信搜索功能有两类:一类是微信搜索引擎,另一类是微信搜索的内容。微信搜索引擎又称微信公众平台搜索引擎,由搜狗推出。与以往搜索引擎导航网站提供的信息不同,微信搜索引擎主要是帮助微信用户搜索微信公众号的相关信息。用户需要进入搜狗网站,点击"微信"按钮,输入搜索关键词才可进行搜索。

2. 非微信运营平台推广

非微信运营平台推广是相对于微信运营平台推广而言的,是指在微信公众平台以外其他平台开展的公众号推广行为,常见的有意见领袖、内部资源引流、内容传播、提交给导航网站收录、视频推广、利用微信自媒体联盟、地推等。

(1)意见领袖

根据传播学中"两级传播"理论,社会信息系统中传播的信息并不是直接流向受众的,而是经过意见领袖中间环节的影响后再流向受众的。意见领袖活跃在各个领域,他们通常拥有较强的社会影响力。对于初创的微信公众号来说,可以利用的意见领袖主要指公司领导、知名企业家、行业明星、自媒体达人等,通过业内知名的意见领袖的肯定和支持进行推广,借用他们的名人影响力迅速吸引人们的关注,积攒人气。

(2)内部资源引流

互联网时代,企业网站和移动应用作为承载用户的主要平台,已成为用户流量的主要入口,有用户就可以积累用户数据。通过整合企业内部资源,如在公司官网植入微信公众号二维码,在企业举办线下活动的易拉宝中植入微信公众号二维码及在电子邮件中植入微信公众号二维码等,企业用户将转化为微信公众号粉丝,而且通过内部资源引流吸引的用户群体和微信公众号用户群体的匹配度很高,从而更有利于企业开展微信营销。

(3)内容传播

假设能够保证有稳定的、质量较高的微信内容,那么就要想办法将内容效益最大化,也就是让更多人看到微信公众号中的文章,通过内容传播的方式吸引用户关注。为此应当将微信公众号的内容发送到更多目标用户的面前。

(4)提交给导航网站收录

PC端有hao123、360等用户上网入口类导航网站,这些网站拥有非常大的流量。同样,微信端也有自己专属的微信导航网站,用户在这些网站上不但可以提交微信公众号,而且还可以把微信公众号的原创文章发送到网站上。用户直接在搜索引擎中输入"微信导航"就会出现很多像"聚微信""微信导航大全"等微信导航网站。

(5)视频推广

当前,视频已成为吸引用户眼球的重要流量入口,因此运营者可以借助视频推广微信公众号。通过制作有趣、有料、有内涵的视频、动画,并上传至优酷、腾讯、爱奇艺等网络视频平台,将微信公众号二维码植入视频会是一种不错的推广方式。

(6)利用微信自媒体联盟

自媒体联盟能够将行业的优质资源整合在一起,是一种抱团营销形式。各微信公众号可以组成联盟,进行公众号互推。目前的微信联盟有两种类型:综合性联盟和行业性联盟。综合性联盟涉及的行业领域比较多,如微媒体等;行业性联盟则更加垂直细分,如犀牛财经联盟、亲子生活自媒体联盟、Social Auto汽车行业自媒体联盟、地产自媒体联盟等。

对于运营新人来说,在微信公众号推广前期可以加入一些入会门槛较低的垂直类行业自媒体联盟进行公众号互推或者付费推广,待积累一段时间粉丝量后再加入综合性自媒体联盟推广。

(7)地推

地推是指运营者找到用户聚集的地方,通过展示服务和赠送奖品的方式获得精准用户。例如,微信公众号的目标用户是大学生,运营者可以到大学校园做活动,让用户关注微信公众号;如果微信公众号的目标用户是女性,运营者可以去商场摆摊,采用给关注微信公众号的用户赠送礼物等形式推广微信公众号。此外,对于推广预算充足的企业,还可以直接将微信微信号做成海报在公交站牌、地铁、广告墙等地做户外广告。

综上所述,企业微信公众号有多种推广方式,运营者在策划和实施推广活动时,需要根据微信公众号所处的发展周期和企业营销预算灵活选择推广方案。

7.3.2 朋友圈营销

微信朋友圈的营销入口其实就是粉丝入口、人流入口,微信粉丝越多,微信的流量就会越大,朋友圈营销自然就有了入口。因此,企业想利用朋友圈营销实现销售,就需要掌握朋友圈引流的各种方法,增加粉丝数量,让更多的人看到企业朋友圈营销的动态,这样才能让更多的人在搜索朋友圈时看到"企业的朋友圈"。

1. 设置

朋友圈营销是如今最火爆的营销方式之一,无论是大型企业还是小型企业,都会利用朋友圈进行营销,朋友圈已经成为企业实现销售目标的一个重要入口。

基于朋友圈强大的社交分享属性,无论是什么类型的企业,在朋友圈中营销都切忌引起微信好友的反感,不仅要打造和建立企业品牌及产品的良好形象,还需要有足够多的人流来进行推广和营销。

企业要学会在朋友圈中投其所好,将企业的产品更好地展示给微信好友。因此,企业要注意自己朋友圈的设置,将产品亮点展示出来。以下是四种设置企业朋友圈的方法。

(1) 四大基本入口

朋友圈应从昵称、头像、个性签名和朋友圈封面这四大基本入口进行设置。

对于企业来说,拥有一个得体又具有特色的昵称是非常重要的,企业要根据自己的目标,向好友呈现出独特的理念。因此,企业的昵称一定要有较高的识别度,总体要考虑两点——易记、易传播。简单好记的企业昵称有以下两个好处:一是增加信任度,让用户有一种亲近的感觉;二是方便用户记忆,营造记住了就不会忘记的效果。很多企业喜欢使用广告作为昵称,认为这样能更加直接地表达自己的意愿。其实使用广告语作为昵称是很危险的,要慎用。因为好友的眼睛是雪亮的,一旦看到广告就会产生一种排斥情绪。另外,信任不是一下就建立起来的,需要长期的积累。

除昵称外,头像是最引人注意的了。拥有一个别出心裁的头像,能够获得陌生人和好友的好感。头像设置是有技巧的,应根据企业的定位来进行设置。大部分企业通常选择使用企业品牌的LOGO作为头像,更加具有真实性,会增强好友的信任感,因为销售的核心是人与人的关系,要建立起相互之间的信任,用真实的品牌照片是再合适不过的了。

企业的个性签名其实就是个人微信的个性签名。因此,签名中最好不要直接出现产品信息,企业应找到自己产品的亮点,然后再展示在个性签名中,这样当用户看到企业的朋友圈时就知道自己的需求能否被满足。一般自然、大气、有亮点的签名会吸引别人的注意,能引起别人和你继续沟通的兴趣。

朋友圈的封面是企业很重要的一个广告入口,专业、有经验的企业都会将广告作为朋友圈的封面。

(2) 品牌故事引发关注

企业仅销售产品是远远不够的,还需要有吸引人的故事。每个企业品牌都有其品牌理念或有特别的品牌故事,所以企业应以品牌理念为入口,分享与品牌有关的故事,让用户持续关注。

品牌故事是一个很好的广告入口,看似在说与销售无关的事情,实际是在为品牌的产品打广告,并且故事中能体现出用户的痛点和痒点,能够引起其他用户的共鸣,产生关注。

(3) 企业形象助力营销

许多企业在刚开始进行朋友圈营销时,都会用产品来刷屏,以此来提高产品曝光率,但对于刷屏，其实微信用户都会有排斥心理。现在许多企业都意识到刷屏发广告会对企业形象产生负面影响，所以都不会去随意刷屏，反而更注重自己的商品质量，希望以良好的形象建立一个营销入口，让更多的用户乐于关注企业的产品。

除了打造良好的企业形象外，企业在朋友圈中使用图文形式推广产品时还需要注意实用性和针对性两个特性。运营者发图文时一定要深思熟虑，要学会筛选有用的、有价值的信息进行发布，要对企业朋友圈的好友及用户进行分析，了解大家的喜好，有针对性地进行营销与推广，少发心灵鸡汤，多发实用的经验，认识企业自身的优劣势所在，做到扬长避短，取精华、去糟粕。

(4)品牌形象促进合作

企业不仅要对自己有清晰的定位，知道如何去营销，更要重视企业品牌的打造。企业想要在朋友圈给用户留下深刻印象，让好友知道自己经营的品牌，就要看到品牌形象这个入口。有影响力的企业品牌，很容易吸引用户的关注并能促进自身与其他企业的合作。

2．定位

行业不同，服务的对象和经营的范围以及产品就会不同。微信营销者想要成功地在朋友圈发展自己的企业和品牌，除了要拥有一个巨大的流量入口，还需要有更精准的流量入口以带动销售。

(1)有效定位粉丝

客户要求高质量的产品和微信营销者要求高质量的粉丝是同等级的概念，如果不对目标用户群体进行准确定位，那么吸引过来的粉丝很有可能是一些"僵尸粉"，这样的粉丝数量只能算是一个数字，对于企业的营销没有任何价值。

例如，某电器商城经营的产品方向主要是电子电器类，那么它的目标用户群体应是上班族、家庭主妇、电器商和其他对电器有需求的人，而不是需要衣服、饰品、化妆品的人。

(2)吸引粉丝关注

微信朋友圈展示内容的方式包括图文、信息、视频、文本等，不管是采用何种营销方式，只有丰富、有趣、有特点的内容才更能吸引人。

例如，在微信公众号运营中，很多企业学会了以H5页面的方式进行内容展示，使企业微信公众号页面可以从多层次、多角度去展现内容，再配上诸多实用的、可个性定制的功能，可以更加吸引粉丝的关注。微信朋友圈同样可以进行内容营销，但要把握好以下要点：

①个性化内容

个性化内容是营销者最难把握的一个要点，因为在微信朋友圈营销的大多是企业，而部分企业的产品类型有重合，这样就使得微信朋友圈的推广内容很难富有个性。营销者要想与众不同就需要自己制作图片、视频，按照自己的理解和经验总结出能够吸引用户的营销内容。

②丰富有趣

微信朋友圈营销的内容要有足够的新意和吸引人的地方，就算不能做到让内容全部都具有新意，但至少应做到让发布的内容不至于太过空洞和无聊。

另外,"情感类"的内容也可以被归入丰富有趣的内容中,若能引发用户情感上和心理上的共鸣,也能吸引粉丝。

③利益驱动

营销者为满足用户需求,在微信朋友圈中发布的内容必须具备一定的实用性,既可以为用户传授生活常识,也可以为用户提供信息服务。总而言之,用户要能够从推广的内容中获取某种形式或某方面的利益,他们才会成为品牌的追随者。

(3)点赞转发引流

要想在微信朋友圈中实现产品的最大价值,除了在内容上要丰富多彩之外,还要充分利用朋友圈点赞和转发的功能。很多企业会举行一些小活动,让用户能够主动购买产品或转发推荐。但是营销者后期必须根据用户的需求不断增加、提升和完善活动内容,更加全面地使用微信朋友圈功能。对于大品牌营销而言,需要针对目标用户群体进行个性化定制。

(4)扩大交流群体

拥有了一定的用户量之后,要成功地推广产品并不难,但是如何将用户有效整合在一起,提高产品销量呢?这时营销者应创建一个微信粉丝交流群,交流群可以按照产品种类、客户兴趣、客户销量等情况进行分类,或者将所有用户联系起来共建一个微信群。

微信群可以作为营销者联系新老用户的一个入口,营销者可以通过微信群将新产品、今日活动、优惠福利等优先通知到每一个用户,可以增加用户黏性。

首先,营销者要意识到,老用户是企业品牌最为重要的资源之一,他们不仅对品牌和产品有一定的认知度和认可度,还有一定的忠诚度。在竞争日益激烈的当今市场,深挖一个老用户比开发一个新用户所需要的成本要低得多,很多品牌不得不依靠老用户来提升竞争力,所以营销者不能让这部分用户流失掉。

其次,营销者可以利用老用户推广自己的微信朋友圈内容,因为每个人的微信中都有一些好友,且微信的私密性使得微信好友之间的信任度比较高,这就可以形成一个辐射状的链桥形式,让这些老用户把品牌或产品推荐给他们的好友,然后快速地扩大受众。

3. 吸粉

一般来说,微信用户的好友里总会有几个是帮企业推广产品的人,这些人可能是用户的同学、同事、朋友或者亲戚。基于熟人关系,有些人会让自己的好友帮忙点赞、转发或群发销售信息,但如果企业想要让更多的人看见自己微信朋友圈中的产品,只通过熟人这个销售入口是不够的。

因此,增加微信好友数量就成了企业经营的最大难点。只有微信的好友足够多,营销者在"微信朋友圈搜索"的结果页面中展示的概率就会越大,才会有更多的人看到营销者朋友圈中销售的产品。

(1)导入绑定

导入QQ、手机联系人和绑定手机号、QQ号是微信功能里面最基本的涨粉方法。导入好友是一个最直接的涨粉入口,指利用微信的同步功能,把手机通讯录中的联系人和QQ好友导入微信当中。导入手机联系人需要注意的是,先要绑定手机号码,才能查看通讯录中的好友,然后进行添加。微信绑定 QQ 号和手机号码后,别人可以通过 QQ 号和手机号查找到你。为了自己账号的安全,一定要开启"账号保护",以免频繁加人,导致被盗号。除了开启"账号保护"之外,微信中"声音锁"功能也能有效地预防被盗号的危险,通过识别声音登录微信。营销者不能小看微信账号安全的设置,绑定手机号和开启账号保护的微信账号,在其他设备上登录时不仅要输入微信的登录密码,还需输入手机收到的验证码才能登录微信,具有双重保护功能。可以说,账号的安全是引流入口的前提。

（2）近身招呼

"附近的人"是微信里面的一项功能,如同它的名字一样,可以搜索附近的人,系统除了显示附近用户的姓名等基本信息外,还会显示用户签名档的内容,微信营销者可以用此来进行引流、吸粉。

（3）热榜影视

微信营销者可以借助热榜中的影视来引流,将影视关键词融入标题中,使朋友圈内容快速地被剧迷搜到,达到引流的效果。

（4）位置共享

位置共享是微信朋友圈具有的功能之一,它精准的定位作用给很多营销者在微信中投放促销优惠信息带来了很大方便,起到了很好的营销作用。营销者在微信朋友圈中推广产品时,可以借助位置共享,让搜索位置的用户能够看到自己微信朋友圈中的内容。

（5）分享资源

微信营销者在朋友圈中还可以根据自己的产品和所属行业,去寻找一些别人很难搜寻到但却想要了解的有用资源发布到网站上,进行引流和吸粉。

（6）BBS 引流

BBS 是通过在计算机上运行服务软件,允许用户使用终端程序通过网络进行连接,执行下载数据或程序、上传数据、阅读新闻、与其他用户交换消息等功能。微信营销者可以利用 BBS 进行资源引流。

（7）线下活动

营销者要重视粉丝的分享,多与粉丝互动,让粉丝主动将产品分享到微信朋友圈中。那么,营销者如何能让粉丝愿意去分享呢?对于广告,人们总是被动的,但能让人们主动去帮商家打广告的有以下原因:与商家是亲密的熟人或亲人关系;产品质量过关,获得一致好评;感到被重视,拥有强烈的参与感。通常来说,前两个原因是不可控的,所以营销者只能运用提升用户参与感的方法,通过主动联系用户、举办线下粉丝活动,将用户转化成粉丝,或让粉丝主动分享。线下活动的种类众多,营销者需要从资金、产品资源、人际关系、人流等方面考虑活动的可行性。

4. 引流

微信朋友圈要获得更多曝光率,就要拥有更多的好友和粉丝,把焦点引到自己的产品上。

（1）图片标签,直观引流

营销者在微信朋友圈里发广告主要是图文、图片形式的推广,许多营销者都会从产品照、生活照、用户的产品体验照等方面进行产品推广,因为在微信盛行的今天,看微信朋友圈成为一种流行趋势,如果微信朋友圈的好友动态是照片,大家都会忍不住点开看一下。

因此,图片是一个引流的入口,营销者可以在图片中添加微信号等推广自己微信的标签或水印,也可以直接用微信二维码作为图片进行引流。

(2)火爆红包,诱惑引流

当微信推出红包功能后,红包就一直是人们关注的重点,尤其是春节期间,微信群几乎被红包引爆,微信朋友圈也被红包活动刷屏。

可以看出,红包最容易引起人们的注意,是一种有效的引流方式,营销者应在朋友圈的推广内容中多多添加"红包"关键词。

(3)雷达加友,集中引流

雷达加朋友是微信中添加好友的一个入口,营销者在参加户外活动等聚会时,如果使用扫码或搜号的方式来添加好友,效率会很低,有时还会很尴尬。所以,营销者要用"雷达加朋友"的添加好友方式来提高加友速度,不仅能避免占用好友的聚会时间,还能解决营销者的窘迫。

(4)主动加友,积极引流

主动加好友是一种非常积极的、有意义的引流方法,特别是针对一些大型的网上平台,只要有足够的毅力和耐心,总会在其中找到目标用户并使之成为营销者的准用户。

一般来说,营销者主动添加成功的好友都会有营销的机会,因为很多人都是用手机号开通的微信,如果微信用户接受企业的添加,则证明用户不排斥企业,可能对企业的产品有需求,甚至会经常搜索营销者的微信朋友圈查看有没有自己需要的产品。

(5)玩掷骰子,福利引流

掷骰子是微信的一种表情功能,与红包一样,它也是给朋友圈引流的一种方法,但是朋友圈中的掷骰子需要微信用户按照朋友圈的要求,添加营销者为好友,才能与营销者进行掷骰子游戏,进而有机会赢取红包福利。

为什么说掷骰子也是朋友圈引流的方法?当微信用户想要玩游戏时,想起在微信朋友圈看到掷骰子赢红包的动态,但是忘记是谁的微信朋友圈了,就会去微信朋友圈搜索掷骰子的信息。而微信朋友圈中的掷骰子都是需要添加发红包者为好友才能进行的,用户赢取红包后必须按照要求将掷骰子信息分享到自己的朋友圈中,让更多的微信用户看到,这样一传十,十传百,直接引流成功。

其实,这里不是掷骰子吸引了人流,而是掷骰子后可以赢取红包吸引了用户,因此营销者在设置掷骰子的红包福利时,要站在用户的角度思考什么样数额的红包能够吸引微信用户主动添加自己为好友,并且在掷骰子的过程中,营销者应该怎样与用户交流,让用户领完红包后还能一直把营销者留在微信好友中。

(6)求签测试,分享引流

求签测试是一种新的营销引流方法,具有微助力、拼人气、拼好友的特点,一般是营销者在微信朋友圈中分享求签测试类的链接进行引流。

求签测试类的链接在新年的时候分享得比较多,营销者可以寻找不同类型的测试链接分享到微信朋友圈中,引起喜欢玩测试的用户的注意。但是测试链接一般都是微信公众号的推广内容,如果营销者想要将玩测试的用户引导到自己的微信上来,可以自己设计链接,与掷骰子一样,先扫描添加才能进行测试,测试完成后还要转发分享。

求签测试比较吸引年轻人,因此营销者需要仔细斟酌链接的标题,让用户一看到链接就想测试。求签测试类不仅可以帮助微信朋友圈引流,还可以发布在微博、百度贴吧上,实现站外引流。

(7) 百度热词,搜索引流

每次一个热点、热词出来时,都会刷爆微信朋友圈,如"90后××××""我可能×××""敬业福""新年快乐"等词都在微信朋友圈中有过一段热潮。

那么,微信朋友圈的热词怎么找呢?营销者可以关注百度热词,通常这一类词都是人们搜索最多的、最具有时代效应的,而且热词每个月都会进行更新和排名,排名越靠前代表搜索热度越高。

如何利用百度热词来进行引流?首先在电脑上打开"百度搜索风云榜",寻找热门关键词。从实时热点、排行榜上,可以看到哪些热点和关键词被搜索了,热词就是指搜索频率高的词语,然后营销者可以结合热词发软文来进行推广。

(8) 识别二维码,加速引流

微信二维码是营销者推广产品的重要引流方式,无论是从线下到线上,还是从线上到线下,都可以用扫码的形式来引流。在微信朋友圈的推广中,微信二维码主要以图片的形式存在。

营销者将微信二维码图片和推广的内容发布在微信朋友圈中,用户点开放大的微信二维码图片,长按微信二维码后再点击"识别图中二维码"按钮,就可进入营销者详细资料界面,用户可以将营销者添加到通讯录中。

(9) 看实体店,渠道引流

实体店是一个很好的增粉渠道,有实体店的经营者一定要利用实体店渠道与用户进行更多的互动和交流,增加回头客,稳住用户,与用户之间形成良性关系。

实体店的微信朋友圈引流方式主要是指用视频分享实体店情况,视频比图片更具真实感,经营者在拍摄视频时应当事先准备,如场景不可太凌乱、产品要分类摆放好、视频清晰没有杂音等,且最好是经营者本人入镜实拍。

(10) 个人名片,设计引流

微信朋友圈中可以分享名片,但是与纸质名片不同,微信朋友圈中分享的名片是电子名片、微名片。

微信朋友圈中的微名片比纸质名片更全面、更个性化,不仅可以展示个人信息,还可以展示个人风采、相册、产品等,用户可以通过微名片更加全面地了解营销者及其产品。另外,微名片根据不同职业可以设置添加不同栏目,如咨询、预约、通话等,能够让用户与商家直接联系,实现引流。

5. 推广

商家引流的最终目的是实现营销、增加销售量,因此商家在微信朋友圈中推广产品时要多从用户的角度去展现产品。

(1)体验和反馈

微信朋友圈中销售的产品最讲究口碑,将用户的体验和反馈"晒出来"是口碑推广的一种方式,可以影响微信的引流效果和销售业绩。通常用户通过微信朋友圈买到的产品,都会想要在微信朋友圈中"晒一晒",甚至有的企业会让用户将每天的体验过程都分享在微信朋友圈中。用户使用产品后,一部分人会向销售代理进行产品反馈,然后销售代理会把好的反馈发布在微信朋友圈中,以此吸引更多人来购买产品。

(2)晒成功单

企业在微信朋友圈中销售产品,除了发布产品的图片和信息以外,也要发一些成功的交易单照片或快递单照片。

企业在微信朋友圈晒单要注意以下两个方面:

①晒单要适度

一部分人对刷屏和晒单是比较反感的,但是晒单其实是有必要的,好友看到成交量也会心动,但切记适度晒单。

②晒单要真实

尽量将最真实的图片和数据展现给好友,这才是正确的晒单做法。

(3)倾听心声

对于任何企业来说,用户的需求永远是第一位的。只有充分了解用户,针对用户的问题提出解决方案,才能更快、更好地实现营销目标。

企业倾听用户的心声也是在解决用户问题,之后用户会在微信朋友圈中进行分享,让遇到同样问题的好友能够知道如何解决。

(4)投放广告

企业想在微信朋友圈投放广告,只要符合《朋友圈广告——准入行业》的要求,具备相应的推广预算,即可参与推广。

目前,微信朋友圈广告支持图文广告、视频广告和本地推广广告,按照年龄、性别、地域、手机系统、手机联网环境、微信用户兴趣标签等属性进行定向投放。

(5)电视报道

明星代言产品的广告会对人们的购买产生影响,而在微信朋友圈里,利用明星效应推广也可以增加销售机会。除了明星效应推广外,还有一种推广方法也能提高销售量,即电视报道。与明星代言相比,有时人们更愿意相信电视报道的产品。

企业在微信朋友圈中展示电视报道的推广内容时,应将与电视报道有关的关键词放在第一位,以提高搜索结果的匹配度,若有相关的产品检测报告也应一并进行展示,消除用户购买产品时的疑虑。

同步测试

1. 单项选择题

(1) 以下选项中,属于微信营销特点的是( )。

A. "一对一"互动营销　　　　　　B. 信息到达率高

C. 营销方式多样　　　　　　　　D. 强关系营销

(2) 下列选项中,关于微信营销的说法正确的是( )。

A. 微信拥有海量的用户

B. 微信营销可以精准定位,而且它的成本较低

C. 微信营销方式多样,更具有人性化

D. 微信营销具有开放性,可以连接一切

(3) 下列选项中,属于微信线上广告投放形式的有( )。

A. 微信朋友圈广告　　　　　　　B. 公众号广告

C. 广点通广告　　　　　　　　　D. 网赚类转发

2. 多项选择题

(1) 以下选项中,属于微信朋友圈推广形式的有( )。

A. 投放广告　　　　　　　　　　B. 电视报道

C. 晒成功单　　　　　　　　　　D. 倾听心声

(2) 以下选项中,属于微信运营平台推广的有( )。

A. 线上投放广告　　　　　　　　B. 公众号互推

C. 投票　　　　　　　　　　　　D. 发短信

(3) 以下选项中,属于微信基本入口的有( )。

A. 昵称　　　　　　　　　　　　B. 头像

C. 个性签名　　　　　　　　　　D. 朋友圈封面

创业营销技能实训项目

微信运营在你我身边

[训练目标] 选择自己喜欢的企业,针对其产品和服务分析其特征,并针对产品进行微信营销策划。

[训练组织] 学生每6~8人为一组,教师提供指导。

[创业思考] 如何将微信运营的技能运用到自身的产品中?

[训练提示] 教师可以在开始训练前要求学生按组成立公司,确定公司产品,为公司产品制订微信运营方案。

[训练成果] 各组汇报,教师讲评。

案例分析

X 公司微信运营与创意

随着互联网的发展,微信已成为人们日常沟通的主要工具。对于企业而言,微信也成为一种相当重要的营销手段。X 公司作为智能手机制造商,在微信营销方面表现得相当出色,让我们一起来探究一下 X 公司是如何做微信营销的。

1. 利用微信公众号进行品牌宣传

X 公司利用微信公众号进行品牌宣传,以吸引更多的目标用户和提高产品知名度。X 公司在官方微信公众号发布了很多与手机有关的文章,如手机评测、手机操作技巧、人物专访等。文章内容中充满了对手机的推崇和分享,表现出了 X 公司手机精神和文化,吸引用户深入了解 X 公司的品牌文化。此外,X 公司的微信公众号还发布了很多有趣且有营销意图的活动,如抢票、转发等,这些活动既能吸引眼球,又能增加用户互动。

2. 利用微信小程序提高用户体验

X 公司运用微信小程序提高用户体验,让用户能够更加方便地使用产品。X 公司在微信小程序中推出了多个功能模块,用户可以在微信中直接购买手机、配件等商品,并提供相应的客户服务。此外,X 公司还利用微信小程序增加用户互动,推出了一些有趣且有创意的小游戏和抽奖活动,让用户可以在小程序中感受到品牌的魅力。

3. 利用微信营销增加销售额

X 公司利用微信营销增加销售额,通过微信向用户推广新产品、促销活动等。X 公司的微信公众号经常推送最新产品和促销信息,如新品首发、特价活动等。此外,X 公司分销商也可以通过微信进行推广,提供优惠券、折扣码等优惠信息,增加销售额,并且还可以增加用户转化率、提升用户满意度和忠诚度。

4. 利用微信社交化和粉丝营销

X 公司利用微信社交化和粉丝营销,通过微信为用户提供更多服务和产品体验。X 公司的微信公众号中推送的一些文章内容中充满了人文气息和情感色彩,与用户分享有趣的生活趣事,表现出 X 公司人文关怀的一面。X 公司还在微信公众号中推出了特别福利,如特别的生日祝福、客户专享活动等。通过这些微信营销的方式,能够不断留住老用户和吸引新用户,满足用户的需求,提高用户黏性。

X 公司利用微信小程序、微信公众号等微信平台,通过品牌宣传、用户体验、促销、社交化和粉丝营销等手段,实现了微信营销的多个目标。这些微信营销策略为 X 公司带来了很好的销售效果和口碑效应,是 X 公司目前微信营销方面的成功经验。

阅读以上材料,回答问题:

1. X 公司的粉丝群是怎样形成的?
2. X 公司微信营销的成功之处有哪些?

第8章 公众号运营与创意

思维导图

本章学习目标

◆ 应用知识目标

1. 了解各流量平台；
2. 理解公众号运营流程。

◆ 应用技能目标

1. 熟悉公众号运营技巧；
2. 分析企业公众号运营成败原因。

◆ 创业必知知识点

1. 公众号运营的运用；
2. 了解公众号运营的过程。

◆ 思政素质提升

1. 公众号内容的传播；
2. 公众号舆情的正向引导。

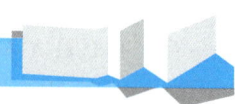

案例导读

你的朋友圈里有懂你的人吗？

某档大型调查类真人秀节目由明星担任主持人，没有评委和专家，每期节目由一位明星与一位普通人组成团队,讨论七八个劲爆的问题,如"羡慕别人的父母比自己的好,正常吗?""当有豪车路过总想看司机长啥样子,正常吗?"之类的问题。在如今满屏综艺真人秀节目里,该节目算是独具特色的一档节目。

该节目以 H5 形式在微信朋友圈进行推广,其劲爆的问题引来了许多网友的转发与参与,同时也为节目中的答案提供了数据基础。

.思考.

做 H5 推广时,其内容与效果是很重要的,请对该档节目的 H5 推广做简要分析。

随着现代化网络的快速发展,新媒体营销伴随着自媒体的高速发展而诞生,逐渐成为一种受商家追捧的营销方式。

8.1 微信公众号

8.1.1 正确认识订阅号和服务号

微信公众号分为订阅号和服务号两种形式,订阅号被折叠到一个订阅号文件夹中。订阅号与服务号作为不同性质的信息传播平台有着不同的功能和特点。正确认识订阅号和服务号二者的区别是成功开展微信营销的前提。

1. 订阅号

订阅号是为媒体和个人提供的一种新的信息传播方式,发布者可以借此与用户建立更好的沟通关系,并建立良好的管理模式。一般来说,媒体使用订阅号的比较多。订阅号的权限和功能主要有以下几点。

(1) 订阅号每天可以发送一条群发消息。群发消息将直接出现在订阅号文件夹中。

(2) 订阅号群发消息的时候,手机微信用户将不会收到像短信那样的消息提醒。

(3) 在手机微信用户的通讯录中,订阅号将被放入订阅号文件夹中。

(4) 订阅号默认不支持自定义菜单,需要微博认证或微信认证,微博认证需要订阅号至少有 500 人关注,微信认证费 300 元一次。

(5) 订阅号的服务功能有限,没有高级接口相关功能。

(6) 订阅号可以升级为服务号。

2. 服务号

服务号,顾名思义主要是为企业和组织提供强大的业务服务与用户管理,它偏向于服务交互,一般银行和企业做客户服务时用得比较多。

服务号分为认证服务号和未认证服务号两种,通过认证的服务号比未通过认证的服务号拥有更多的功能和权限,二者共同具有的功能和权限主要有两个:

(1) 服务号 1 个月(按自然月)内可发送 4 条群发消息。

(2)服务号群发消息时,用户手机会像收到短信一样收到提醒,显示在用户的微信聊天列表当中。

一般而言,通过认证的服务号享有更多微信后台开放的功能和权限,可以支持企业开展更多的业务活动并提供更好的用户体验。通过认证的服务号其功能主要有以下几个方面。

(1)模板消息

模板消息仅用于微信公众号向用户发送重要的服务通知,且只能用于符合其要求的服务场景,如信用卡刷卡通知、商品购买成功通知等,不支持广告等营销类消息及其他所有可能对用户造成骚扰的消息。

(2)获取用户地理位置

用户在关注并进入微信公众号会话时,会有一个弹框让用户确认是否允许微信公众号获取其地理位置信息。该弹框只会在用户关注微信公众号后出现一次,以后用户可以在微信公众号详情页面进行操作。

(3)生成带参数的二维码

为了满足用户渠道推广分析的需要,微信公众平台提供了生成参数二维码的接口,使用该接口可以获得多个带不同场景值的二维码,用户扫描后,微信公众号便可以接收到事件推送。

(4)长链接转短链接

二维码原链接(商品、支付二维码)太长会造成用户扫码速度和成功率下降,该功能可以将原来的长链接转成短链接后再生成二维码,从而大大提升扫码速度和成功率。

(5)微信支付

微信支付(商户功能)是微信公众平台向有出售物品需求的微信公众号提供的推广销售、支付收款、经营分析的整套解决方案。商户通过自定义菜单、关键字回复等方式向订阅用户推送商品消息,用户可以在微信公众号中完成选购支付的流程;商户也可以把商品网页生成二维码,张贴在线下场景,如车站和广告海报栏。用户扫描后可打开商品详情,在微信中直接购买商品。

(6)微信小店

微信小店是基于微信公众平台打造的一套原生电商模式,具有添加商品、商品管理、订单管理、货架管理、维权等多种功能,开发者可使用接口批量添加商品,快速开店。微信小店的推出极大地丰富了微信及微信支付的应用场景,提升了用户体验。

(7)设备功能

设备功能是微信为服务号提供的物联网解决方案,建立在微信硬件平台之上,允许硬件设备厂商通过服务号将用户与其拥有的智能设备连接起来。通过微信硬件平台规定的连接协议,各种智能设备,如蓝牙设备、Wi-Fi设备和其他移动网络设备都能方便地接入微信,完成设备、人、服务三者的连接。微信硬件平台同时还提供了 Air Sync、Air Kiss 等用于蓝牙和 Wi-Fi 技术的基础支持框架,以及硬件 JSAPI 等,以方便硬件开发人员快速地将微信与智能设备进行互联。

(8)网页授权获取用户基本信息

如果用户在微信客户端中访问第三方网页,微信公众号就可以通过微信网页授权机制来获取用户基本信息,进而实现"业务逻辑"。

8.1.2 如何选择订阅号与服务号

订阅号和服务号功能不同,各具特色。企业在开展微信营销时,需要根据自己的实际业务情况及用户的需求灵活选择和应用订阅号和服务号。通常来说,企业要根据微信公众号的功能定位来选择使用订阅号还是服务号,选择时应考虑以下几个因素。

1. 宣传为主

当企业以通过微信公众号向用户推送企业营销活动、发布新品及公司其他重大活动等相关资讯为主要目的时,企业可以选择订阅号作为微信营销的主要窗口,以满足宣传推广的需求。通常来说,以宣传为主的订阅号可以分为两种,一种是类似于企业的内刊模式,将企业内刊内容搬到微信上,通过微信宣传企业品牌。因此,这种模式与企业在传统媒体上做的付费推广相比,具有宣传推广成本低、营销精准度高的优势。另一种是通过订阅号向用户发送企业的新闻资讯。

知识链接

软文广告的运用

软文广告是指运营者在微信公众平台或者其他平台上以在文章中软性植入广告的形式推送文章。

文章中软性植入广告是指文章里不会直白地介绍产品有多么好的使用效果,而是选择将产品渗入文章情节中去,达到在无声无息中将产品的信息传递给消费者,从而使消费者能够更容易地接受该产品。

软文广告形式是广大微信公众平台运营者使用比较多的营销方式,同时其获得的效果也是非常可观的。

2. 分享交流为主

企业微信营销的目的主要是通过公众号与用户分享或者交流最新的产品信息、企业要闻,或者讨论用户关注的热门话题,此时企业应选择使用订阅号每天向用户推送相关消息。

3. 帮助知名品牌提供客户服务

知名品牌是指规模较大、业务较多、品牌知名度较高的企业拥有的品牌。这种类型的企业本身就拥有大量的用户,影响力较大,其开展微信营销的目的在于方便为用户提供服务,提高服务水平,因此应当选择服务号。

4. 订阅号升级服务号

企业在开展微信营销活动前期利用订阅号主要推送营销活动信息及新闻资讯等内容,运营一段时间后,可以将订阅号升级为服务号,与此同时企业营销目标也由之前以吸引用户关注为主变为以为用户提供服务为主。该模式是目前深受中小企业欢迎的模式。

8.1.3 微信公众号类型定位

企业在开展微信营销活动前首先要做的是对微信公众号进行定位,即根据企业自身业务、用户需求及营销目标来决定公众号的主要特色和核心功能价值。微信公众号定位将直接影响企业后期微信营销效果。不同的定位类型会产生不同的营销效果,通常来说,企业微信公众号类型主要有以下几类。

1. 客户服务类

客户服务类公众号依托微信公众平台的各种开放接口,集成企业的客户关系管理系统,用微信端的客户关系管理系统来管理客户关系,每一个用户就相当于企业的一个会员,微信公众号是大会员概念。

客户服务类公众号主要面对销售型企业或者公共服务行业,例如,银行信用卡公众号,每一个关注的用户通过登录都可以实现账户实时消费动态和在线消费查询、会员积分兑换等。客户服务类公众账号适合大型连锁企业,它的每一个用户都是消费者,这类公众号能够为用户带来持续性服务,并实现动态跟踪。

2. 品牌推广类

品牌推广类公众账号更多的是为了打造公司品牌形象,向用户传达公司的品牌理念、企业动态等,如曾经很火的"锤子"和"坚果"手机,不论其产品销量如何,单看其针对"情怀"理念的传导,就知道是非常具有传播力度的。这种传导达到了用户对于品牌理念认同的目的,能进一步吸引用户,引起品牌共鸣,达到扩大产品销量与提升品牌知名度的目的。

拓展学习 慕名而来

3. 销售渠道拓展类

对于任何一个企业来说,微信所拥有的庞大用户数量无疑是一座待发掘的"金矿"。销售渠道拓展类公众号主要是利用微信与微信支付的便捷性,将其打造成一个纯销售或者促销信息整合的平台,如现在火热的微商分销,其微信公众号就属于销售和分销的承载平台。对于如今出现的一批朋友圈"燥热"的产品,如水果、特产、减肥产品、美容产品与快销产品等,微信公众平台既是其销售的管理平台也是一条重要的线上渠道。

4. 媒体资讯发布类

媒体资讯发布类公众号是目前占比数量相对比较多的一个类型,"自媒体"公众号大多属于媒体资讯发布类,通过微信公众号发布最新资讯,根据不同行业、不同领域撰写深度文章,内容相对具有即时性、真实性、深入性。这类公众号适合被打造成行业或个别领域内的资讯解读平台。此外,这类公众号也将PC端或者纸媒的流量和用户导入自己的公众号,让用户更加便捷地获取其关注的资讯信息。

5. 个人自媒体类

个人自媒体类公众号可以用包罗万象来形容,大型的个人自媒体类公众号运营正在逐渐向企业运营转变,因为自媒体终将面临变现的问题,他们的用户有由个人影响力带来的粉丝,也有被深度内容吸引而来的粉丝,还有被自媒体人的独特价值观影响带来的粉丝。这部分公众号更多的是以个人魅力与优质原创内容为吸引点。自媒体账号并不适合企业来做,但若企业有一个风趣幽默的老板或CEO,可尝试用自媒体的方式把自身打造成为一个自媒体大号。

8.1.4 微信公众号内容定位

公众号的运营有成功的案例也有失败的案例,成功的原因大都来自准确的定位和持续的内容运营,失败则由于定位不准、摇摆以及没有持续更新。当然对于商业账号来说,活动也是非常重要的一环,以下是内容定位的注意事项。

1. 了解目标用户群定位,寻找痛点

无论是为客户运营微信公众号,还是自己开通微信公众号,首先要确定目标用户群。如果是商业品牌的微信公众号,目标用户群应该是这个品牌的产品或其服务所面向的人群。

如果不是商业品牌,那么也必须先选定一个目标用户群,为此可以给这个人群做一个画像,如年龄、性别、收入、生活方式、兴趣爱好等。资料越详尽,定位就越清晰。目标用户群的上述元素应尽量一致,如可以按照地域、年龄、性别等划分,也可以按照兴趣爱好、职业特征等划分。如果开始无法描述目标用户群特征,不妨先从最熟悉的地方开始,如给这群人贴一个你认为最准确的标签,这样目标用户群的特征会逐渐清晰。

确定目标用户群和了解人群特征,是一个双向的过程。也许是先圈定了某类人群,然后逐步去调研他们的特征;也许是在做市场调研的过程中,发现了这群人的价值。但无论如何,市场调研都是非常必要的。得益于网络工具的不断发达,如今的市场调研手段比以往有了极大丰富。有预算的可以去买数据报告、使用付费工具;没有预算的可以利用搜索引擎,输入相关关键词,在浏览关键词页面内容的过程中,对目标用户群的定位会越来越清晰。

同时,对于维度的划分也是一项必不可少的工作。可以对一件事物、一个行业、一个人进行多维度描述,了解这件事物越透彻,对它的描述就越清晰。

2. 了解品牌/微信公众号定位,规划内容类型

微信公众号目标用户群是确定公众号内容的依据。

首先,深入研究某一类人群,归纳出他们的重要特征或发现他们偏好哪一类服务或内

容。例如,广告人喜欢创意、汽车车主偏好自驾游、外企白领喜欢红酒等。其次,在发现这些后,需要将相关的需求偏好再细化。例如,汽车车主偏好自驾游,偏好大概几天自驾游?喜欢自己出行还是结队同游?再如,广告人喜欢创意,他们喜欢哪种类型的创意?传统的还是现代的,视频还是海报、案例?通过分析可以发现,圈定范围的目标用户群最需要的是什么价值的内容。内容定位要做的,就是确定给目标用户群提供什么样价值的内容。

从内容功能来说,可以把内容分为有用、有趣、有共鸣三类。那么要给目标用户群提供什么样的内容?有用的还是有趣的?还是三者交叉的?作为初入门者,一般会比较贪心,希望能做到三者兼顾。但实际上,开始时必须有所取舍,确定唯一的点。在选定了这一点后,其他的点对于核心来说都是补充,不能喧宾夺主。

确定了这一点后,可以再确定内容涉及的领域。例如,是创业投资、广场舞,还是商务职场?内容领域的定位要早于内容分类的定位,并随着定位的逐渐清晰而被层层细化,最终得到一个非常清晰的描述。

3. 确定核心内容关键词,开始发布、试错

确定了目标用户群和内容定位后,需要确定内容来源。如果是自有商业品牌,通过产品和服务产生的内容是相对稳定的,也是源源不断的;否则就要通过原创或整合、转载来确定内容。

经过前面步骤后,大致可以概括出要做的内容的关键词,前期可能涉及的关键词比较多,在这种情况下,要看内容是否与一个或多个关键词匹配,如果匹配,则可以认为内容是符合定位的。匹配得越多,说明越符合定位。

当然,在开始做内容的时候,获得超高阅读量是可遇而不可求的。实际情况更多的是花了大力气却无法获得理想效果。这时就需要对阅读量较高的文章标题、内容做分析研判,提炼出与该微信公众号目标用户群、内容定位等比较相关的关键词。根据这些关键词,找到更合适的内容,或者编写出更加符合定位的标题。如此不断尝试,一定能找到符合定位的内容,并最终固定几个关键词,这就是准确的内容定位。

8.1.5 微信公众号文章标题

1. 标题类型

要做好微信公众号的运营,学会拟写公众号文章标题是非常重要的,有吸引力的文章标题才会给公众号带来更多的读者和流量。经典的微信公众号标题有以下几种类型。

(1)揭露式标题

揭露式标题是指为读者揭露某件事情或某人秘密的一种标题。大部分人都会有一种好奇心,而这种标题则恰好可以抓住读者的这种心理。这种标题能给读者传递一种莫名的兴奋感,能充分引起读者的兴趣。

微信公众号文章的编辑可以利用这种标题做一个长期专题,从而达到一段时间内或者长期吸引读者的目的。

(2)福利体标题

福利体标题是指在文章标题上向读者传递一种阅读这篇文章就能获得福利的感觉,让读者自然而然地想要去阅读文章。

①直接福利体标题

直接福利体标题会在文章标题上直接写有"福利"二字,让读者一看就知道该文章具有福利。

②间接福利体标题

间接福利体标题不直接将"福利"二字写在标题上,而是通过与"福利"一词具有一样表达意思的其他词语来传递文章里所具有的福利,如实用法则、导航等词。

(3)数字式标题

数字式标题是指在标题中嵌入具体数字,因为数字通常能对读者产生直观的影响。一个巨大的数字能对人们的心灵产生触动,很容易让人产生惊讶的感觉,读者往往会想要得知数字背后的内容。

(4)速成型标题

速成型标题是指从标题上向读者传递一种只要阅读了本篇文章之后就可以掌握某些技巧或者知识的信心。读者看见这种速成型标题时,会更有动力去阅读文章的内容,因为他会觉得学会这个技能很简单。

(5)悬念式标题

悬念式标题是指将文章中最能够引起读者注意的内容先在标题中做个铺垫,在读者心中埋下疑问,引起读者深思从而去阅读文章内容。

悬念式标题在日常生活中运用得非常广泛,也非常受欢迎。人们在看电视剧、综艺节目时经常会看到一些预告之类的广告,这些广告就是采取这种悬念式标题来引起观众兴趣的。

采用悬念式标题的主要目的是增加文章内容的可读性,因此编写者在编辑标题时需要注意,采用这种类型的标题之后,一定要确保文章里面的内容确实是能够让读者感到惊奇、有悬念的。

(6)警告式标题

警告式标题是一种有力量而又严肃的标题,说得通俗一点,就是用标题给人以警醒作用。警告式标题常以发人深省的内容、严肃深沉的语调给读者以强烈的心理暗示,尤其是警告式的新闻标题。

微信公众号文章编写者在运用警告式标题时,需要注意运用的文章是否恰当,因为并不是每一篇文章都可以使用这种类型的标题。

这种类型的标题运用得恰当,能够加分,起到其他标题无法替代的作用;运用得不恰当,则很容易让读者产生反感情绪或引起一些麻烦。因此,文章编写者在使用警告式标题时要谨慎小心,注意用词恰当,绝不可草率。

(7)趣味性标题

趣味性标题是指在标题中使用一些有趣、可爱的词语,让整个标题给人的感觉是轻松、欢快的。

这种充满趣味性的标题会给读者营造一个愉悦的阅读氛围,因此就算文章中的内容是产品宣传的广告,也不会让读者很反感。

(8)负面体标题

负面体标题并不是指传播负能量,而是指在标题上揭示大众在某件事情上遇见的困难,然后再在标题上提出解决措施,用带有负面感的文字给读者以思考,让读者联系自己的实际情况进行比较,从而引发读者想要一窥究竟的欲望。

(9)如何体标题

如何体标题是指在文章标题上出现"如何"字样,这种标题会让读者一眼就分辨出文章内容是否是自己想要的,从而决定是否继续阅读该文章。

(10)本地化标题

本地化标题是指在确定标题时,带入当地的地名或者一些大都市的名称,这样能吸引更多的读者去浏览。

本地化标题其实也带有一点借势的意味,但它借的不是一时的社会热点,而是一个地方的知名度,以此引来大批对这个地方感兴趣的读者。

(11)借势型标题

借势型标题是指在文章标题上借助社会上一些实时热点、新闻的相关词汇来给文章造势,增加点击量。

实时热点拥有一大批关注者,而且传播的范围也非常广,微信公众号文章的标题借助这些热点,可以让读者轻易地搜索到该篇文章,从而吸引读者去阅读文章里的内容。

微信公众号文章编辑者在采用借势型标题时,需要注意热点的时效性,要在人们对这一热点关注度最早或者最高的时候将其加入到文章标题中去,这样才能达到最好的借势效果。不可等到热点的大势过去了再推送这种借势型标题的文章,这样做的效果反而不佳。

(12)专业性标题

专业性标题是指在标题中嵌入某个方面的专业性词语,让文章更加专业,传递专业价值。这种专业性标题能够吸引从事与专业名词相关工作的读者,从而达到精准"吸粉"目的。这样得来的读者群能够给微信公众号带来更大的价值,而且这种粉丝的追随度会比其他粉丝更高。

但是这种专业性标题相对于其他类型的标题来说,其关注度会偏低一点。专业性使得其受众范围变小了,但是对微信公众号运营者来说并不是一件坏事,宁缺毋滥,就是对这种现象最好的解释。

2.编写标题的心理技巧

读者点开微信公众号中的一篇文章,很大一部分原因是被标题所吸引,由此可见文章标题的重要性。

一条成功的标题能成功吸引读者,一个重要原因就是能抓住读者的以下五种心理。

(1)猎奇心理

大部分人都是充满好奇心的,对于那些未知的、刺激的东西都会有一种想要去探索、了解的欲望。微信公众号文章编写者在编写文章标题的时候可以抓住读者的这一心理特点,将标题写得充满神秘感,满足读者的好奇需求,这样就能够获得更多读者的阅读,阅读的人越多,文章被分享与转发的次数就会越多。

(2)窥探心理

人们有时候很矛盾,不想让自己的秘密、隐私被人知晓,但是又会有窥探他人或者其他事物秘密的欲望。

因此,微信公众号文章编写者在编写文章标题的时候可以适当地利用人们的这种欲望,写出能够抓住读者窥探心理的标题,从而吸引读者点开文章进行阅读。

能抓住读者窥探心理的文章标题,通常会让人产生一定的联想。

(3)消遣心理

如今,一部分人有事没事就会拿起手机来看看,通过购物或者浏览微信朋友圈、关注的公众号信息来寻求乐趣,以满足自己的消遣需求。

一部分人之所以会点开微信公众号里各种各样的文章大多是出于无聊、消磨闲暇时光来给自己找点娱乐的目的。内容幽默的文章会比较容易抓住读者的消遣心理,如冷笑话、幽默与笑话集锦等。

(4)学习心理

一部分人在浏览网页、手机上的各种新闻、文章的时候,希望可以借此学到一些有价值的东西、扩充自己的知识面、增加自己的技能等。因此,文章编写者在编写公众号文章标题的时候,可以将这一因素考虑进去,让自己编写的标题给读者一种能够学到有价值的东西的感觉。

这种能抓住读者学习心理的微信公众号文章,只要读者阅读之后觉得真的有用,就会主动将文章传播开来,让身边更多的朋友知道。

(5)感动心理

人们都在为自己的生活努力奋斗着,有的人漂泊在异乡,与身边人的感情也都是淡淡的,生活中、工作上遇见的糟心事无处诉说。渐渐地,一部分人养成了从文字中寻求关注与安慰的习惯,当他们看见那些含有关怀意蕴、传递温暖的文章时,会忍不住点开阅读。

因此,微信公众号文章的编写者在编写标题时,可多使用一些能够温暖人心、给予人关注与关怀的词语,以抓住读者的感动心理。

能抓住读者感动心理的文章标题,一定是发自肺腑的情感传递,最好文章内容也充满关怀,这样才能让读者感觉到没有被欺骗。

8.2 微信公众号运营

微信公众号的注册相对容易,用户只需按照注册流程提示,填写相关内容即可完成注册。本节着重介绍公众号的基本操作方法和技巧,以帮助读者更好地运营微信公众号。

8.2.1 微信公众号申请

1. 个人注册微信公众号的步骤

(1)打开微信公众平台官网,在网页右上角单击"立即注册",然后选择账号类型。
(2)填写邮箱,然后登录该邮箱,查看激活邮件,再填写邮箱验证码激活。
(3)了解订阅号、服务号和企业微信的区别后,选择想要的账号类型。
(4)进行信息登记。选择个人类型之后,填写身份证信息。
(5)填写账号信息,包括公众号名称、功能介绍,选择运营地区。
注册成功之后,就可以使用公众号了。

2. 企业注册微信公众号的步骤

(1)打开微信公众平台官网,在网页右上角单击"立即注册",然后选择账号类型。
(2)填写邮箱,然后登录该邮箱,查看激活邮件,再填写邮箱验证码激活。
(3)了解订阅号、服务号和企业微信的区别后,选择想要的账号类型。
(4)进行信息登记。公司请选择"企业类型"中的"企业";选择"企业"之后,填写企业名称、营业执照注册号,选择注册方式。

8.2.2 微信公众号设置

1. 微信认证

(1)微信认证的定义

微信认证指注册和认证公众号同时进行,申请后公众号即为认证加"V"的公众号。如果有后续账号需要微信认证,也可选择微信认证方式来注册公众号。

(2)微信认证流程

微信认证流程如图8-1所示。第一步:填写注册资料。第二步:提交微信认证。第三步:按照提示填写认证资料并提交。第四步:支付费用等待审核。第五步:审核处理之后显示注册并认证成功。。

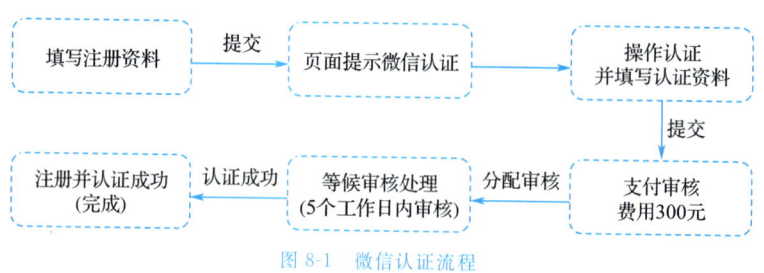

图8-1 微信认证流程

(3)微信公众号设置的技巧和注意事项

添加微信公众号信息,申请的账号中文名称是可以重复的,所以不需要担心有其他的用户抢注了自己的微信公众号,对于企业而言则需要做官方认证。填写好注册公众号名称后,就会进入微信公众号的后台。

单击"完成"便完成了微信公众号注册,随后进入微信后台单击左侧"公众号设置",这时可以对微信公众号进行头像、账号域名、二维码等方面的设置。概括起来,设置企业微信号信息时需注意以下几点:

①微信公众号名称建议选择使用企业或者品牌名称,最好用中文,以简洁、明晰为原则。

②微信公众号可以选择企业品牌的英文缩写或者英文名称,方便记忆。

③功能介绍需要列明公司的名称、主营业务及公司的联系方式。

④微信域名应当通俗易记,不要过长,慎用特殊字符,以方便目标人群输入为原则。

此外,微信公众号中二维码的设置应简洁美观,具有吸引力,方便用户扫码关注。多数企业会将企业中的LOGO、名称作为头像,这样有助于企业品牌的传播。

2. 群发消息

群发信息即公平台向关注该账号的所有用户推送图文消息。登录微信公众平台后单击"群发功能",可以发送图文消息、文字、图片、语音及视频等相关内容。群发消息需要新建消息或者直接从素材库中选择已经编辑好的消息直接发送。以图文消息为例,运营人员既可以直接新建图文消息,也可以从素材库中选择编辑好的文章直接发送。

此外,微信公众账号素材库中的图片、语音、文章等素材,可以多次群发,没有有效期。但是对于所发送内容的存储大小有一定限制,主要有以下几方面:

(1)群发的图文消息标题限制在64个字符内。

(2)群发的文字内容字数限制在600个汉字内。

(3)语音消息不得超过60秒,约占5 MB,支持MP3、WMA、WAV、AMR格式。

(4)视频内容不得超过20 MB,支持RMVB、WMV、AVI、MPG、MPEG、MP4格式。

3. 自动回复

自动回复功能通过设置"被添加自动回复""消息自动回复""关键词自动回复"等方式方便了用户与微信公众号之间的互动沟通,对于提高用户活跃度和微信公众号的用户黏性具有一定积极的意义。

(1)被添加自动回复

在微信公众平台设置"被添加自动回复"后,粉丝在关注该公众号时,平台会自动发送设置好的文字、图片、视频等,设置好的内容可根据需要"修改"或"删除"。

(2)消息自动回复

微信公众平台设置用户消息回复后,当粉丝向公众号发送微信消息时,公众号后台会自动回复所设置的文字、图片、视频。

(3)关键词自动回复

在微信公众平台设置关键词自动回复后,根据规则,如果订阅用户发送的消息内含有预先设置的关键词,平台即会把设置在此关键词名下的回复内容自动发送给订阅用户。

8.2.3 微信公众号运营技巧

对于新媒体运营者来说,要做好微信公众号的运营,最重要的是要掌握一些实用的运营技巧。

1. 运营准则

对于新媒体运营者来说,要想掌握运营技巧,最重要的就是了解微信公众平台的运营准则。只有掌握了运营准则,才能在运营过程中条理清晰,不被轻易误导。新媒体运营者需要掌握以下四个方面内容:

图 8-2 所示是微信公众号运营者需掌握的四个方面的内容。

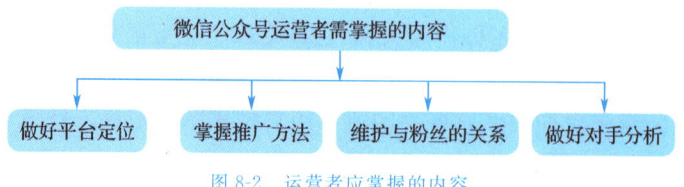

图 8-2 运营者应掌握的内容

(1)做好平台定位

所谓平台定位,主要是指运营者对自己平台所处领域、服务对象等方面的定位。

(2)掌握推广方法

做好微信公众号的推广对新媒体运营者来说是至关重要的,因此需要掌握一些可行、有效的公众号推广方法。

(3)维护与粉丝的关系

微信公众号的粉丝是企业实现盈利的根本,因此维护好与粉丝之间的关系是每个运营者的必修课程。

(4)做好对手分析

对于同行业的竞争者,运营者要认真做好分析,找出对方值得自己学习的优势,并将这些优势适量、适时地运用到自己的公众号上,以提高自己的竞争力,同时也要深入挖掘自身优势。

2. 正文开头编写要素

对于微信公众号上的文章,正文开头很重要,决定了读者对这篇文章的第一印象,因此新媒体运营者对其要极为重视。好的正文开头要具备图 8-3 所示的四个要素。

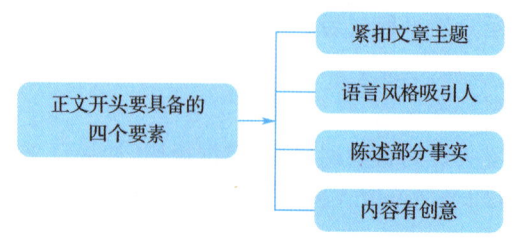

图 8-3 正文开头应具备的要素

3. 编写误区

随着微信时代的到来,各种微信营销信息随之泛滥,太多没有价值的垃圾信息混杂进来,占据大众的视线和时间。

新媒体运营者要想让自己的微信公众号中的内容能吸引读者阅读,避开内容写作中的误区是非常关键的。写作须避开的三大误区如图8-4所示。

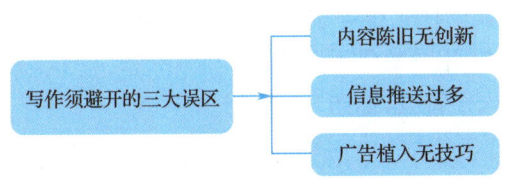

图 8-4　写作须避开的误区

(1) 内容陈旧无创新

商家开设微信公众号的目的其实只有一个,就是获取更多粉丝的关注,在微信公众号的文章中植入广告,也是为了借助粉丝推销产品。

如果微信公众号中的内容千篇一律,没有新意,没有趣味,没有实用价值,用户群是不会关注的,商家预计的宣传效果也就无法实现。

(2) 信息推送过多

微信公众号推送信息的到达率是百分之百,因此商家乐此不疲,推送过多的信息,造成轰炸之势,以为这样就能博取用户的眼球。

实际上,这些商家忽略了阅读率,用户群体虽然收到了这些微信公众号的消息,但并不会一一点开查看。

过多的信息只会让用户心烦,他们可能产生逆反心理而不去翻阅,那么商家的很多消息就没有真正地被用户接受。

(3) 广告植入无技巧

不少商家的微信公众号人数众多,商家急于宣传,于是在公众号信息中硬性植入广告,对技巧和内容要求也相对较低,没有较多技术含量,完全没有考虑到用户的感受。

这种广告植入事实上不会产生很好的效果,只会让用户厌烦,甚至是取消关注,商家最后得不偿失。

4. 推送时间

编辑好微信内容后,商家面临的下一个难题就是把握信息发送的时间。在什么时候发送信息比较合适?哪个时间点的信息被阅读率最高?这些都是新媒体运营者在进行微信公众号运营时需要掌握的一个技巧。

众所周知,在订阅号信息列表中,后发的信息会排在先发的信息前面,也就是说,在订阅号中的显示顺序和信息发送的时间顺序相反,即谁最后更新,谁就排在最上面。因此,选择合适的发送时间对于微信公众号运营者来说是非常重要的。

8.3 其他公众平台运营

8.3.1 今日头条平台

今日头条平台是一款个性化推荐引擎软件，它能够为平台用户推荐有价值的各种信息。今日头条自创立以来，用户数量不断增加。

今日头条平台具有八个特点，如图 8-5 所示。

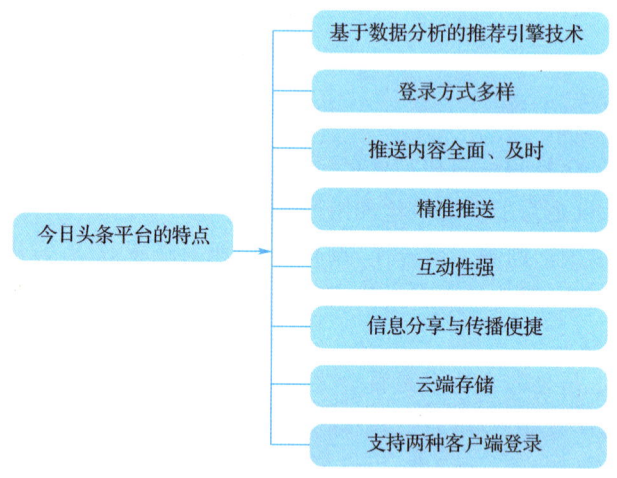

图 8-5　今日头条平台的特点

1. 基于数据分析的推荐引擎技术

今日头条最大的特点是能够通过基于数据分析的推荐引擎技术，将用户的兴趣、特点、位置等多维度的数据挖掘出来，然后针对这些维度进行多元化的、个性化的内容推荐，推荐的内容多种多样，如图 8-6 所示。

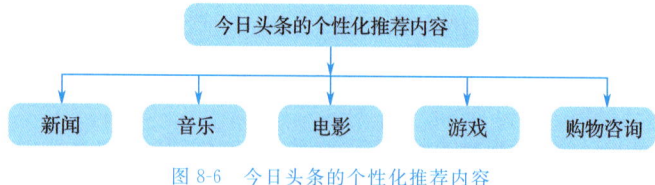

图 8-6　今日头条的个性化推荐内容

举例来说，当用户通过微博、QQ 等社交账号登录今日头条时，今日头条就会通过一定的算法，在短时间内解读出用户的兴趣爱好、位置、特点等信息。用户每次在平台上进行操作，如阅读、搜索等，今日头条都会定时更新用户相关信息和特点，从而实现精准的阅读内容推荐。

2. 登录方式多样

用户登录今日头条的方式是多样的,除了手机号、邮箱等方式之外,还支持其他方式。

3. 推送内容全面、及时

在今日头条平台上,其涵盖的资讯范围非常广泛,用户能够看见各种类型、领域的资讯内容,以及其他平台推送的资讯。并且,今日头条平台上新闻内容更新的速度非常快,用户几分钟就可以刷新一次页面,浏览新信息。

4. 精准推送

今日头条能够根据用户所在的地理位置精准地为其推送当地新闻,并且还能够根据用户的性别、年龄层次、兴趣爱好等特征为其推送最感兴趣的信息。

5. 互动性强

在今日头条推送的大部分信息下,用户都可以对该信息进行评论,各用户之间也可以进行互动。

6. 信息分享与传播便捷

今日头条平台为用户提供了方便快捷的信息分享功能,用户一旦看见自己感兴趣的信息,只要单击页面上的转发按钮即可将该信息分享、传播到其他平台上,如新浪微博、微信等。

7. 云端存储

用户只要登录自己的今日头条账户,那么在该平台上评论或者是收藏的信息就可以自动存储起来。只要用户自己不删除,无论是在手机端还是电脑端,登录平台账号之后用户都可以查看这些信息,完全不用担心会丢失。

8. 支持两种客户端登录

今日头条平台为方便用户的使用,推出了两种客户端。

(1)PC 客户端

在今日头条 PC 客户端首页,每过几分钟系统就会提醒用户刷新观看新的新闻资讯,这样能够使得用户及时浏览新消息,同样也可以增加今日头条平台文章的阅读量。用户只要单击页面右上方自己的昵称,就可看见"我的收藏""我的订阅""我的粉丝"等相关信息。用户可以在这里查看自己收藏过的信息、订阅的内容及其他相关信息。

(2)手机客户端

为了更方便地为用户推荐头条新闻,今日头条还开发了专属的今日头条 APP。今日头条 APP 是一款新闻阅读客户端。据统计,在今日头条手机客户端,单用户每日使用时长超过 65 分钟,每天社交平台分享量达 550 万次,其精准推送模式让用户不必再受其他繁杂冗长的信息困扰。

在今日头条 APP 上,聚合了超过 5 000 家站点内容,用户可以在该平台上阅读到最权威的新闻资讯,更有超过 7 万家头条号每日为用户创作新鲜精彩的内容,平台每日聚集了 400 名工程师对算法进行优化,能够在 5 秒内计算出用户感兴趣的话题和内容,然后推送为用户量身打造的专业资讯。

今日头条APP还具有社交分享功能。如果用户看到喜欢的内容,想要和朋友分享,就可以直接点击相应按钮进行分享,可以分享在微信朋友圈、微信好友、手机QQ、QQ空间里,还可以分享在新浪微博、腾讯微博、支付宝好友及支付宝生活圈中。

8.3.2 一点资讯平台

一点资讯是一款为兴趣而生、有机融合搜索和个性化推荐技术的兴趣引擎软件。

在一点资讯平台上,用户可以看见各个领域的最新资讯。该平台主要有24个类别的资讯频道,大大满足了各类用户阅读的兴趣爱好,基本可以满足他们所有的阅读需求。

1. 平台特色

一点资讯平台凭借其特色的兴趣引擎技术为用户实现了个性化新闻订阅,基于用户的兴趣为其提供资讯内容。

一点资讯平台可以借助用户登录时选择的社交软件类型、选择的兴趣频道等操作收集相关信息,整理成数据资料,然后再根据这些资料了解、推测出用户感兴趣的新闻领域。

一点资讯平台的特色主要表现为两点,如图8-7所示。

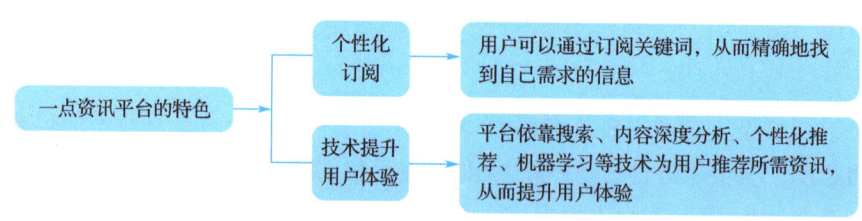

图8-7 一点资讯平台的特色

2. 平台价值

一点资讯平台的价值可以从两个方向去理解,一个是行业领域,另一个是用户。

从行业领域方向出发,一点资讯平台凭借收集整理各种资讯信息,然后通过兴趣频道分发信息内容的方式,能够帮助各种类型的资讯发布者快速定位最适合他们的用户,同时还能够帮助整个资讯领域搭建更好的行业生态系统,加速行业内的资讯流通,提高行业的商业价值,实现媒体、广告主、渠道等主体的多赢局面。

从用户方向出发,一点资讯平台主动为用户提供感兴趣的、独特的优质资讯内容,大大减少了用户寻找喜欢的信息所花费的时间,从而使得用户的阅读效率有了大幅度的提高。

3. 技术力量

兴趣引擎技术是一点资讯平台最核心的技术力量,它是结合了搜索引擎和个性化推荐引擎的特点而形成的一种新的信息搜索引擎。

兴趣引擎依靠平台系统对用户订阅的信息、搜索的关键词等操作行为,挖掘出更多用户感兴趣的资讯,然后非常精准地抓住平台用户阅读的兴趣需求,在最短的时间内为用户传递其最需要的新闻资讯。

4. 兴趣营销

基于兴趣引擎，一点资讯平台可以基于用户兴趣为其提供定制化内容的兴趣营销。一点资讯平台的兴趣营销指的是平台借助其核心的兴趣引擎技术来进行平台上的广告商业业务。

8.3.3 搜狐公众平台

搜狐公众平台是搜狐门户下一个融合搜狐网、手机搜狐、搜狐新闻客户端三大资源于一体的平台。

搜狐公众平台的资源力量比较充足，其特点如图 8-8 所示。

搜狐公众平台特点

三端全力推广：集中搜狐三端的优质流量大力推广自媒体，快速获取阅读量。文章只需要发布一次，搜狐三端同步显示。

自动化推荐上头条：打破原有编辑推荐机制，根据文章本身质量及流量表现进行自动化推荐，写得好就有机会上头条。

关系链传播：订阅、评论、分享，利用关系链传播获取更多流量。

自动生成个人移动站点：搜狐公众平台结合搜狐建站产品快站为自媒体用户自动生成一个移动站点，并可以登录快站自行修改。

百科式内容分类：根据垂直频道属性，建立百科式内容分类，优质文章选择相应的分类就会出现在分类对应的自动列表中，或被推荐到频道首页等重要位置。

图 8-8 搜狐公众平台的特点

搜狐公众平台凭借搜狐旗下一系列的资源，拥有自身独特的平台优势，具体优势如图 8-9 所示。

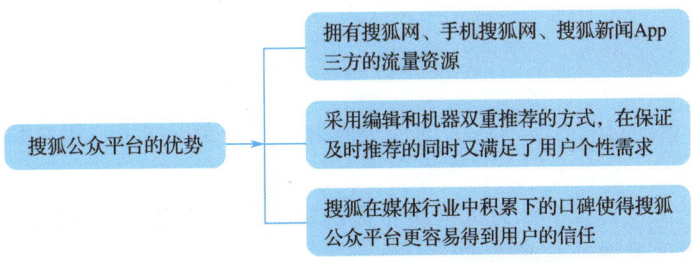

图 8-9 搜狐公众平台的优势

搜狐公众平台为用户提供了多种登录方式，且只要拥有一个账号，即可登录搜狐旗下的搜狐视频、搜狐新闻、搜狐博客等产品，这在很大程度上为用户提供了方便，减少了用户注册账号的麻烦。

8.3.4　UC 云观平台

UC 云观平台,全称是 UC 云观·媒体服务平台,是我国资讯平台行业中第一家舆情实时公开展示的平台,在该平台上的媒体服务有两部分,分别是订阅号和机构媒体。UC 云观平台基于 UC 浏览器目前拥有的庞大用户群,为微信运营者提供了绝佳的推文导粉条件。

UC 云观平台主要由两部分组成,分别是数读舆情,订阅号、机构媒体。

1. 数读舆情

数读舆情是 UC 云观平台对外展示的部分。数读舆情不仅能够帮助新闻创作者从更多方向和层次挖掘更多的新闻热点,同时还能给用户提供一站式、多层次的信息,丰富用户的阅读世界。

UC 云观平台的数读舆情主要包括三部分。

(1) 热点排行榜

在数读舆情的热点排行榜中,主要包括热点榜单、分类内容榜单、人群风向标三部分内容,每个部分所包含的新闻范围是全网的,不仅局限于 UC 云观这一个平台的新闻。例如,用户进入热点榜单就可以看见全网最热的新闻资讯排行。

(2) 行业排行榜

在数读舆情的行业排行榜中,包括机构媒体、自媒体榜单、人群风向标三部分内容,用户进入这三个部分中的任何一个都可以看见与此相关的最热排行。例如,用户选择机构媒体,那么点进去之后就可以看见机构媒体榜单的排行情况。

(3) 数读图悉

数读舆情中数读图悉这一部分,主要是 UC 云观平台联合其他第三方或者独自针对一些舆情事件分析出的大数据报告。

用户进入该页面,就可以看见一些 UC 云观平台给出的大数据报告。例如,"UC 行业指数电影大数据",用户只要点进去就可以看见 UC 云观平台联合第三方给出的电影相关的大数据分析。

2. 订阅号、机构媒体

(1) 订阅号

UC 云观平台的订阅号具有强大的推送能力及商业变现能力且用户黏性高。

(2) 机构媒体

机构媒体是 UC 云观平台为机构媒体提供定制数据的服务型产品,想要入驻 UC 云观平台的机构媒体需要拥有邀请码。

8.3.5　企鹅媒体平台

企鹅媒体平台正在迅猛发展,用户量在持续增长中。因此,对微信公众平台运营者来说,企鹅媒体平台是个很有前景的推文导粉之处。

企鹅媒体平台主要有五个特点。

1. 全网流量优势

企鹅媒体平台借由腾讯庞大的用户群体及腾讯旗下腾讯新闻、微信新闻插件、天天快报等产品的支撑,在流量数据方面拥有得天独厚的优势。

2. 强大的内容生产支持

企鹅媒体平台为平台上的内容创作者提供了强大、实用的内容生产工具,且为创作者提供了图文编排、数据分析、文章统计等功能,让平台内容创作者可以简单、便捷地进行内容生产。

3. 商业变现支持

腾讯给予企鹅媒体平台上优质原创型自媒体、媒体补贴及创作者在此平台上所有的广告收入全部归创作者本人的鼓励政策,为平台上的自媒体、媒体提供了盈利渠道。

4. 开放的用户连接

企鹅媒体平台为平台上的自媒体、媒体创作的内容提供了更多的曝光机会,让这些文章能够出现在天天快报等腾讯旗下产品中,而且还能够更加方便地与平台的用户、粉丝进行互动以及社群管理等。

5. 多样的媒体入驻类型

企鹅媒体平台提供了六种可入驻的媒体类型,如图 8-10 所示。

图 8-10 企鹅媒体平台上的多种媒体

8.3.6 QQ 公众平台

QQ 公众平台是腾讯继微信公众号之后推出的产品。QQ 公众号与微信公众号相比较,其类型也分为 3 种,分别是订阅号、服务号、购物号。

QQ 公众平台的订阅号和服务号可以进行认证,认证之后的订阅号和服务号的功能权限与未认证的会有所区别。QQ 公众平台购物号认证,需提交企业资料,经平台审核通过后启用,享受官方认证标识,提升信任度与购物体验。

QQ 公众号与微信公众号相比,其注册过程要简单得多,用户可以直接使用自己的 QQ 账号注册 QQ 公众号,一个 QQ 号只能注册一个公众号。用户也可直接使用 QQ 号登录,登录后 QQ 号将绑定公众号。

QQ 公众平台凭借 QQ 积累下来的众多用户数量及平台自身的技术优势、大量的数据等资源,成为微信公众号运营者获得流量的一个很好的平台。

对于基于庞大腾讯用户规模的 QQ 公众平台来说,用户来源是有保障的。在 QQ 公众平台公测期间,3 000 个公测资格在 1 秒内就被抢完;同时有人统计,在公测期间参与注册申请的人就有11万,而平台的页面访问量也达到了300万次。目前注册用户和平台页面访问量数据持续增长。

因此,这对于选择借助QQ公众平台的微信公众号运营者来说,在推文过程中可以收获的粉丝量将不容小觑。

8.3.7 百度百家平台

百度百家平台是百度旗下的一个自媒体平台。运营者入驻百度百家平台后,可以在该平台上发布文章,然后该平台会根据文章阅读量给予运营者收入。与此同时,百度百家平台还以百度新闻的流量资源作为支撑,帮助运营者进行文章推广、扩大流量。

8.3.8 知乎平台

知乎平台是一个社会化问答社区类型的平台。知乎平台的口号是"与世界分享你的知识、经验和见解"。知乎平台拥有PC端、手机端两种客户端。

用户要注册、登录之后才能够进入知乎平台首页,而且在注册时还需要输入自己的职业或专业。用户在输入自己的这些信息之后,会出现一个选择感兴趣话题的页面,对于这个页面,用户可选也可不选。

8.3.9 网易媒体开放平台

网易媒体开放平台是网易旗下推出的一个新媒体平台。在网易媒体开放平台,运营者可以利用多种形式进行软性吸粉引流。

网易媒体开放平台为入驻用户提供了五种类型的账号,分别是订阅号、本地号、政务号、直播号及企业号,每种账号的功能有所不同。

运营者要入驻网易媒体开放平台,必须要有网易邮箱或者网易通行证。

8.3.10 爱微帮平台

爱微帮是一个为新媒体行业服务的平台,其核心是一个多平台管理工具,目的是帮助自媒体人更快地创作出优质内容,从而提高自媒体人的影响力和价值。

在爱微帮平台上,用户可以同时管理多个平台上的多个账号。从这个角度来说,爱微帮平台能够给新媒体运营者节省大量时间,大大提高了新媒体运营者的工作效率,是新媒体运营人员不可多得的好帮手。

1. 图文编辑功能强大

爱微帮平台为新媒体运营者提供了强大、实用的图文编辑功能,运营者只要下载爱微帮媒体版后,就可以直接在媒体版上编辑图文消息。

该编辑器上拥有丰富的图文样式可供选择,图文素材也可以自由组合和推送,能够给运营者带来不少便利。

2. 多平台、多账户管理

爱微帮平台支持同时管理微信公众号及其他平台账号。这一功能对于运营者来说非常便利,能省去运营者在几个平台、几个账号之间不停转换的麻烦。

3. 定时发送消息到微信公众号

爱微帮支持定时发送图文消息到微信公众号。这样一来,运营者可以在自己空闲的时候将图文消息编辑好,然后定好发送时间将图文消息发送到微信公众平台上,这给运营者的日常工作带来更多便利。

4. 实时推荐、数据统计

爱微帮平台为运营者提供了实时的账号推荐功能,能够实时地统计出账号的推荐数据。

5. 广告主、媒体人相结合

在爱微帮平台上,运营者既可以成为媒体人,也可以化身为广告主,可以在两种角色之间任意转换。

同步测试

1. 单项选择题

(1)企业微信营销中通过公众号与用户分享或者交流最新的产品信息、企业要闻,或者讨论用户关注的热门话题的模式是( )。

A. 分享交流　　　　B. 宣传推广　　　　C. 定向讨论　　　　D. 互推信息

(2)在数读舆情的热点排行榜中,不包括( )。

A. 热点榜单　　　　B. 分类内容榜单　　C. 人群风向标　　　D. 流量榜单

(3)微信公众平台向有出售物品需求的公众号提供推广销售、支付收款、经营分析等整套解决方案,这种商户功能属于( )。

A. 摇一摇　　　　　B. 漂流瓶　　　　　C. 微信支付　　　　D. 微信认证

2. 多项选择题

(1)公众号平台写作需要避开的三大误区是( )。

A. 内容陈旧无创新　B. 信息推送过多　　C. 广告植入无技巧　D. 微信认证有漏洞

(2)以下设置企业微信账号信息时需注意的问题有( )。

A. 微信号名称建议选择使用企业或者品牌名称,最好用中文,以简洁、明晰为原则。
B. 微信号可以选择企业品牌的英文缩写或者英文名称,方便记忆。
C. 功能介绍需要列明公司的名称、主营业务及公司的联系方式。
D. 微信域名应当通俗易记,不要过长,慎用特殊字符,以方便目标人群输入为原则。

(3)微信公众号营销的定位有( )。

A. 客户服务类　　　B. 品牌推广类　　　C. 销售渠道拓展类
D. 媒体资讯发布类　E. 个人自媒体类

创业营销技能实训项目

让你的品牌故事走进大众视野

[训练目标]选择你感兴趣的品牌,自创文案,选择一个或者多个公众平台讲述品牌故事。

[训练组织]学生每6~8人为一组,教师提供指导。

[创业思考]自己的创业项目适合哪些公众平台?

[训练提示]教师可以在开始训练前要求学生搜集各大平台的优势,并分析自己的创业项目,从而选择适合的公众平台。

[训练成果]各组汇报,教师讲评。

案例分析

H火锅公众号运营与创意

作为国内颇具口碑的餐饮连锁服务机构,H火锅是较早试水O2O营销的餐饮连锁服务企业之一,凭借其在微博等互联网平台的口碑,H火锅迅速聚焦起了大量忠实粉丝。加强客户关系管理一直是H火锅的追求,特别是移动互联网时代,新技术手段层出不穷,对经营者而言如何选择更好的管理方式是他们需要思考的问题。首先,创意活动吸引,关注H火锅的微信公众号后就会收到一条关于发送图片可以在H火锅门店等位区现场免费制作、打印美图照片的消息,是不是瞬间就有吸引力?其次,自助服务全,通过微信可实现预订座位、送餐上门甚至可以去商城选购底料;若想要外卖,只要简单输入送货信息,就可坐等美食送到嘴边。最后,线上线下服务配合,点餐时可享受"微信价",怎么能没有吸引力?

阅读以上材料,回答问题:

1. H火锅的微信公众号运营有什么不同之处?
2. H火锅流量的影响因素有哪些?

第 9 章 社群运营与创意

思维导图

本章学习目标

◆ 应用知识目标

1. 领会社群运营与创意；
2. 识记社群运营的含义；
3. 理解社群运营的方法。

◆ 应用技能目标

1. 熟悉社群运营的流程；
2. 掌握社群营销的创意。

◆ 创业必知知识点

1. 应用社群运营；
2. 熟知社群营销的策略。

◆ 思政素质提升

1. 认识社群运营的导向；
2. 熟知社群运营的理念。

案例导读

D公司的社群营销

D公司开展的是基地水果生鲜食材直供的C2B+O2O模式。C2B模式是指产品在采收前就已经在社群完成销售，再由相关部门把销售数据反馈到果园，按实际销售情况采摘，以减少库存积压、耗损及现金流压力。O2O模式是指利用线下社区活动获取用户，让小区居民通过体验扫码方式转化成社群用户，并在社群完成购买和社群分享，再整合线下便利店资源，分配订单给用户附近覆盖范围内的实体店，完成"最后一公里"的环节。

C2B+O2O模式的优势在于自动预售的方式，降低了生鲜耗损，让农产品在最好的口感下被采摘，并且降低了交易成本。社区网格化能够实现集中配送，更大大降低了物流成本，但缺陷在于不能即时响应消费者需求。C2B解决库存和现金流问题，O2O解决物流和配送问题，社群解决信任和客服问题。

在D公司已上线的产品中，国产生鲜和进口生鲜的比例大致为6∶4，国产部分来自D公司开发团队选取和合作的原产地，进口部分则大多来自投资方提供的生鲜供应链资源。

对于国内生鲜原产地的选择，从初选、基地考察到买手评测等各环节都实行标准化，对于产地的土质、使用的肥料等也有规定，并通过基地实拍、直播等方式展示给用户。正是由于该机制的约束，D公司不会考虑全品类的发展方向，只会在现有基础上作出有限扩展。

思考

D公司的社群营销模式的优势是什么？

近年来，"社群"这个词流行起来，人们通过网络可以更加方便地找到有共同兴趣爱好或者共同价值追求的群体组织。同时，一批具有行业和社会影响力的"大咖"的加入更是增添了社群的活力，吸引了更多的群成员。网络世界中越来越多社群的出现给在激烈的市场竞争中苦于寻找目标用户群的企业带来了新的营销机会——社群营销。借助社群，将目标用户群聚集起来，可以更加有效地开展企业精准营销。

9.1 社群营销概述

9.1.1 社群的定义

谈到社群，很多人想到的是微信群，其实这只是容纳网络社群的载体工具，而且只是工具之一。怎么去定义社群？什么样的群体叫社群？

社群是一群由有相互关系的人形成的网络,其中人和人要产生交叉的关系和深入的情感连接,才能被看作社群。如两个人是好朋友,相互会有对方的电话号码、微信号、QQ号……当有了这些深入的了解后,即使他们离开了同一个群,连接也不会轻易消失。人和人之间绝不能只在社群里产生社交关系,在社群之外也应该产生各种各样的情感连接。情感连接就是要增强社群会员之间的情感度。要想在一个社群中建立情感,就要让大家互相了解,互相关注对方的行为、喜好。

从这个定义来看,同样是线下会员俱乐部,有的俱乐部会员互相认识,经常互动,这就是一个社群;有的会员俱乐部只是享受一下积分福利,会员和会员之间没有任何互动,这就不是社群。

在一个社区中,如果经常组织活动,可以形成基于地理区位的社群;在网上有很多关系不错的网友,每天在群里一起聊天,互相影响,甚至组织一些线上线下的活动,即便在家里不出门也不觉得孤单,这也是社群。

9.1.2 社群营销的含义

社群营销是在网络社区营销及社会化媒体营销基础上发展起来的用户连接及交流更为紧密的网络营销方式。社群营销的方式,主要通过连接、沟通等方式实现用户价值。

建立和运营社群的条件包括人力和资金、内容和服务、时间和耐心、产品及营销模式等。社群营销模式和流程,与一般的社交网站营销并无原则性差别,但在沟通和服务方面有更高的要求,并不是简单地通过社交网络实现"内容营销"。

在传统行业的概念中,用户就是买产品或是买服务的消费者。但是在互联网的概念中,用户是有账户、需激活,并且能够与卖家互动的消费者。这就意味着,消费者即使买了产品也不一定是用户,必须要买了产品之后又产生了互动才叫用户。买了产品后没有互动,对卖家来说后续没有任何价值,如果能持续产生互动,在互动中就会产生很多新的商业价值。

所以,现在的企业不可避免地需要跟用户互动,因为用户的话语权越来越大。一部分用户在跟企业沟通的过程中会产生情感。这个时代,企业通过和用户的深度沟通能够把用户变成粉丝。粉丝所代表的是一种先进的消费者潮流——参与化、情感化和圈子化的消费者群体。用户参与企业的各种活动中,参与了,就会有情感,同时要有一个圈子把大家聚集在一起,社群营销就成为这个时代重要的商业模式之一。

9.1.3 社群营销的价值

1. 感受品牌温度

品牌的建立是一个长期的过程,塑造的形象必须被大众广泛接受并长期认同,而社群的形态便于企业借助产品直接展示出自身鲜明的个性和情感特征,让用户可以感受到品牌的温度。

2. 刺激产品销售

无论是基于共同兴趣的学习型社群,还是基于个人目的的运动型社群,通过共同的价值观,以及每天的社群营销活动,激发人们的购买欲望。在社群发布产品的信息或者发起购买产品的活动,实现了有性格的产品销售。

3. 维护顾客黏性

在传统的营销环境中,产品售出后,除了退换货,企业似乎与消费者就断了联系。而社群则是要圈住用户,让其更深度地参与企业产品的更新升级及品牌推广,把用户当成自己的家人来爱护,从而使其爱上企业,主动为品牌助力。

9.2 构建社群及商业变现模式

9.2.1 社群的构成要素

为对社群有更直观的认识和评估,可以从社群运营的实践中总结出构成完整社群的五个要素——同好(Interest)、结构(Structure)、输出(Output)、运营(Operate)和复制(Copy),根据这五个单词的英文首字母,可简称为"ISOOC"。

1. 同好

社群构成的第一要素——同好,它是社群成立的前提。

所谓"同好",是对某种事物的共同认可或行为。

正如某社群在社群活动中所提到的:为了找到同类,我们创造了一个世界。

这些同类,可以基于某一个产品而聚集到一起,如使用的某品牌手机;可以基于某一种行为而聚集到一起,如旅游、阅读;可以基于某一种标签而聚集到一起,如星座、某明星的粉丝;可以基于某一种空间而聚集到一起,如某生活小区;可以基于某一种情感而聚集到一起,如老乡、校友。

2. 结构

社群构成的第二要素——结构,它决定了社群的存在。

很多社群走向沉寂是因为最初没有对社群的结构进行有效规划,这个结构包括组成成员、交流平台、加入原则和管理规范,这些做得越好,社群存续的时间越长。组成成员发现、号召起那些有"同好"的人抱团,形成金字塔结构或者环形结构,初始成员会对今后社群的发展产生巨大影响。交流平台是指要有一个聚集地作为日常交流的大本营,目前常见的有QQ、微信等。加入原则是指社群有了元老成员,也建好了平台,慢慢就会有更多的人加入,这时就要设置一定的筛选机制作为门槛,一来保证社群质量,二来会让加入者因加入不易而格外珍惜这个社群。管理规范是指社群中的人越来越多,必须要进行管理,所以一要设立管理员,二要不断完善群规。

3. 输出

社群构成的第三要素——输出,它决定了社群的价值。

持续输出有价值的东西是考验社群生命力的重要指标之一。

所有社群在成立之初都有一定的活跃度,但若不能持续提供价值,社群的活跃度会慢慢下降,最后沦为广告群,没有足够价值的社群迟早会被解散,也有一部分人会屏蔽该群,再去加入一个新群或选择创建一个新群。为了防止以上情况的出现,优秀的社群一定要给成员提供稳定的价值,如坚持定期分享、某些行业群定期接单等。所以,好的社群里所有成员都应有不同层次、不同领域的高质量输出,才能够使社群更有价值。

4. 运营

社群构成的第四要素——运营,它决定了社群的寿命。

不经过运营管理的社群很难有比较长的生命周期,一般来说,社群运营要建立如下"四感"。

(1)仪式感,如入群要通过申请、入群要接受群规、行为要接受奖惩等,以此保证社群规范。

(2)参与感,如通过有组织的讨论、分享等,保证群内有话说、有事做、有收获。

(3)组织感,如通过对某项活动的分工、协作、执行等,保证社群具有"战斗力"。

(4)归属感,如通过线上线下的互助、活动等,保证社群的凝聚力。

5. 复制

社群构成的第五要素——复制,它决定了社群的规模。

社群的核心是情感归宿和价值认同,但是社群过大,情感分裂的可能性就越大,所以在"复制"这一层,需要考虑两个问题,一是通过复制来扩大社群规模的必要性,二是维护大规模社群应具备的能力。

一部分人在进入一个人数很多的社群后会发现,对一件事的信息遴选成本较高,群成员相互认识的成本也较高。相反,在人数较少的社群中,大家的话题相对集中,所以小社群比较容易保持活跃度。

一般来说,规模越大的社群,越可能只为新成员提供服务,在过滤优质信息上有很大的难度,如果不控制活跃度,虽然社群内每天信息量不少,但是有价值的信息较少。这也会导致高价值成员沉默或者离开,社群价值无法得到维持和提高。

复制不是即兴的事情,而是从人力、财力、物力与精力等多角度综合考量之后的结果。规模的扩大意味着更多的投入,相应的投入产出比是否能够支撑社群一直运营下去是运营者要考虑的事情。

9.2.2 社群的表现形式

1. 社群名称

名字是最为重要的符号之一,是所有品牌的第一标签、第一印象,所以要特别重视。社群有三种命名方法。

第一种方法是从现成的核心源头延伸出来,特点是社群名与核心源头息息相关,从社群名字上并不能看出特别具体的信息,如从核心产品延伸:米粉群、魅友家。

第二种方法是从目标用户着手,想吸引什么样的用户群,就取与这个群体相关的名字,一般从名字上就能看出该社群是做什么的,如爱好:爱跑团;理念:趁早。

第三种方法是以上两种的结合,如×××书友会、××PPT。好名字应该让人容易记住和传播,可以被目标用户群快速找到。除非特殊原因,否则忌用宽泛、生疏及冷僻词汇。

2. 社群口号

口号作为浓缩着产品、企业甚至品牌理念的精华,一直都是宣传的重中之重。纵然口号有千千万万,但总结下来一般有三类。

(1) 功能型

功能型口号一般用最具体直白的语言让人们第一眼看到就知道该社群是做什么的,比如读书社群的口号为"读好书,见牛人,起而行,专于一"。

(2) 利益型

利益型口号阐述本社群的功能或者特点能够带给群成员的直接利益,能够为群成员完成某个目标作出的贡献,如PPT社群的口号为"每天3分钟,进步一点点"。

(3) 三观型

三观型口号阐述本社群在追求利益背后的态度、情怀、情感,该利益升华后的世界观、人生观、价值观,如生活理念社群的口号为"女性独有的生活方式"。

一款新品上市时,企业一般将焦点放在功能和利益上,尽可能减少用户的认知障碍,迅速占领市场,一旦成熟起来成为大众熟知的品牌后,口号的三观意义就体现出来了。

3. 视觉设计

对于社群来说,要凸显仪式感、统一感,视觉是最基本的表现手法。围绕着社群的名称与口号进行视觉设计,如头像、背景、卡片、旗帜、胸牌……无论是线上传播还是线下活动,视觉都是最基本的认知,所以必须精心构思,而设计的核心就是LOGO。

LOGO设定好之后,所有平台的占位、活动的开展,基本上都以此为核心,官方微博和微信头像、纪念品、邀请卡、胸牌、旗帜、合影……处处都需要用视觉强化品牌形象。

4. 黏性方式

增强社群黏性,可考虑从以下两个方面入手。

(1) 形式

用某种擅长的形式与成员保持持续输出、交流、互动,不断强化共同的价值观。

(2) 节奏

以固定的方式、有节奏地做类似的事情,以形成固定的使用习惯,使群成员对下次活动产生预期,进而逐步提高参与度。

5. 主动洗粉

洗粉,指通过某种内容手段把与社群三观不匹配的"粉丝"给排除在外。社群成员的三观必须鲜明,因为社群如果要提高凝聚力,就要引入三观一致的成员。必要时,必须放弃一部分人群。主动洗粉这种策略应慎用,与其一开始随便引入,后期洗粉,不如一开始设置好进入门槛。

知识链接

KOC

关键意见消费者(Key Opinion Consumer,KOC),是指在特定领域中具有一定影响力的消费者,他们在社交媒体等平台上发布对产品或服务的评价和推荐,能够对其他消费者产生影响。KOC通常由品牌或企业邀请或赞助,以推广其产品或服务。

9.2.3 社群的商业变现模式

1. 自建社群

自建社群商业变现一般有两种途径:一种是对内,另一种是对外。对内模式主要是从社群内部获取经济回报,常见的有会员式、电商式、服务式、众筹式。对外模式不是只想向社群成员收费,将社群成员当成被榨取的目标,而是组织社群成员一起共同创造出无穷的价值,利用这种价值换取回报,常见的有智库式、抱团式。自建社群商业变现途径可兼顾对内模式和对外模式,但运营难度更大。

自建社群商业变现的十个模式如下:

(1)产品式

使用产品式的前提是要有产品,社群成员也是因为产品而聚集在一起,所谓"社群未建,产品先行"。

(2)会员式

会员既是门槛,也是变现渠道,是大多数运作得好的社群最常见的变现方式,这也是大多数兴趣型、理念型社群的主流变现形式。

会员式中最常见的是年费制,也就是一年缴纳多少费用就可以享受哪些权益,这是非常易于理解和操作的付费模式。

会员式的本质是服务标准化,让服务成为标准化产品,然后把服务做好,使产品能够持续地被推广出去。

①奖励返还型

奖励返还型是指会将收取的费用根据情况对加入的社群成员进行奖励或者返还。

②递增递减型

递增递减型是指收费的标准会随着时间或者人数的递增递减而变化。

③身份分级型

身份分级型是指收费的标准会随着身份属性的不同而变化。

不同的付费模式对不同支付能力的付费用户的心理暗示和激励效果是完全不同的,因此多进行付费模式对比设计是很有必要的。

(3)咨询式

在实践中发现,一些带有软文的广告效果并不是很好,因为很多人看到软文后还是会对产品持有怀疑或感到困惑或犹豫不决,但此时又无法获得更多的信息能够打消这些顾虑。

在采用咨询式商业变现模式时应注意以下几点:第一,咨询群是临时的,一旦有人付费成功,就可以进入正式群,退出咨询群,要尽量将咨询群的人数控制在100人以内,而且可以同时开设几个咨询群。这样一方面能让客服及时回复消息,另一方面不用小助手拉群,客户扫码即可进群。第二,刚进群的时候,人们的购买欲是最强的,客服要及时反馈与答疑。第三,群公告的设置要反复测试,保证基本覆盖80%的问题,并且符合购买流程,20%的小问题在群里互动或引导至学员群再回答。社群公告一般不宜超过4条,长度不要太长,最长撑满一个手机屏幕。

(4)电商式

移动互联网最大的特征是碎片化,因为会不断出现一些小的领域,所以社群电商式商业变现模式兴起了。

社群本身不要求有很大的规模,它应是一个普通人靠能力可以驾驭的规模。一个人可能驾驭不了几百人的团队,但是可以驾驭一个几百人的社群,通过做一个好的群主,让这个群里的人相信社群的专业度,然后去购买相关的产品或者服务,以此获得收入。

这种模式最关键的是引入或者生产高复购率的优质产品,如果产品口碑不好,对社群运营来说其他都是做无用功。

(5)流量式

社群流量大了之后可以收取广告费。社群是某同类人群的集合,因此对于很多商家来说,社群就是精准用户聚集体。如果有50万元推广经费,是投在报纸、电视上有效,还是投在与产品相关的社群里划算?答案是不言自明的,而且后者价格也许更低。

(6)服务式

把成员聚在一起是为了给用户提供更好的服务,这也是大部分企业做社群的目的,虽然不一定能获取直接的回报,但是在服务的过程中,由于在更大程度上构建更多和用户的"接触点",将企业和用户之间的连接时间变得更长。拥有与用户长期接触互动的可能,进而就具备了时刻进行交易的可能。

这种模式一般用来进行企业品牌的塑造,不需要在短期内直接带动销售,能花费时间和精力来维系品牌社群,就已经具有了核心竞争力。

(7)众筹式

如今通过社群发起的众筹有增加的趋势,利用社群聚集精准用户群的特性,便于一些小众产品内部发起众筹。

(8)智库式

智库式商业变现模式是指社群以作业、练习的形式,利用社群成员的集体智慧为前来咨询的商家提供营销服务而获得报酬。社群成员本身可能就是各行各业的专家,做出来的营销方案既有高度又可实操,前来咨询的商家自然也会满意。一方面,社群成员可以获得与社群内其他专业人士交流的机会;另一方面,如果给出的内容质量高,获得用户认可,可以额外获得奖金或产品。

(9) 抱团式

一些手艺人有很好的技术,但仅凭个人很难获得大量订单,只能凭口碑和行业经验积累客户。若很多手艺人聚集组成社群,就可以像经纪公司一样运作,扩大影响力,取得更多的订单。

(10) 跨界式

跨界式是指两种不同定位或者类型的社群或者社群与品牌相互之间跨界合作,相互导流产生经济回报,共同获益。

2. 承包社群

有一些明星的粉丝会自发地组建社群,由经纪公司派专人与粉丝群的群主(俗称"粉头")对接。在一个完整的职业粉丝团中有一个经验丰富、能力强的"粉头"是关键。"粉头"通常受雇于明星本人或亲友,或者是从职业粉丝团找来一位有经济实力和组织能力的真正粉丝,有的是兼职,有的是全职。粉头经常没有收入,但工作量却很大,要安排好各部门的工作,每天在贴吧里发帖、顶帖;组织粉丝参与各种活动,如接机和见面会;经常向节目组的宣传公关汇报情况;联系服装加工厂定制会服、灯牌、宣传板,还要组织社群成员去街头拉票等。"粉头"表示,因为可以为喜欢的偶像效力,再苦他们也乐此不疲。而作为回报,他们能在普通粉丝中拥有一呼百应的声望,还有时不时地与偶像通电话、吃饭之类的"福利"。

对于明星来说,没有直接建立社群,而是有人带头建立好了,明星通过与"粉头"联系就可以直接影响到粉丝群,这就是承包社群。

3. 打入社群

打入社群,就是针对社群行动需要找到社群所在地、熟悉社群的结构、了解社群的偏好、从社群成员的心理和行为入手。

以往的销售经常是一对一的,找到一个符合自身产品定位的人需要消耗大量的成本。而社群化的趋势带来了一种可能,那就是找到一个符合产品定位的用户,从他身上入手,顺藤摸瓜找到他背后跟他有一样特征的社群,这样一下子就能找到一个目标用户群,以这个群为入口,通过了解与互动,进而找到更多定位相仿的社群,不论是效率还是成交率都可大大提升。

9.3 社群运营团队建设

9.3.1 搭建架构

1. 基本架构,打好根基

一个运营团队的生命力能在很大程度上决定社群的发展,从 0 到 1 的团队组建是最难的。和线下组织一样,社群的组织架构应该尽量层级精简,权责分明。层级过多会导致信息不通畅,传达效率低。因此,组织架构必须依据社群所处的发展阶段来设计。

在社群组建初期规模较小的时候,组织架构可以精简一些,在具备基本的运营能力后就可以逐步在尝试中完善。在这个阶段,社群的灵魂人物会直接参与每个群中。随着社群规模的扩大,必须把管理群和普通群分开,有些问题要在管理群中进行充分沟通后再扩散到普通群中。

如果社群规模进一步扩大,有必要建立管理群、核心群、普通群三层结构。管理群由该群的积极管理成员组成,遇到重大运营问题先进行内部讨论,达成一致后可以把观点放到核心群里讨论。核心群由对社群认可度高的积极粉丝组成,但是他们并没有太多时间和精力去参与群管理。如果核心群认可管理群提出的运营建议或者决策,可以再到普通群里实施,相当于做了一次小范围验证,以避免决策失误。

2. 动态升级,不断进化

以 BetterMe(BM)大本营社群为例,从最开始几百人到后来 5 个月覆盖 6 000 人,它的组织架构发生了一些变化。

(1) 1.0 版本

1.0 版本的时候,刚刚建立社群,不确定社群能不能运营好,能不能存续下去。这个时候,BM 大本营社群只有群主和一个小助手管理一个 300 多人的群。小助手负责收集、归档、汇总群内的内容和群友的资讯。

(2) 2.0 版本

2.0 版本的时候,BM 大本营社群已经建立了一个多月,发现运营状况尚可,可以做内容输出并吸引新的人才进社群,于是组织架构作出了调整,成立了小的工作团队,责成之前的小助手成立了收集组,再增加微信公众号组进行社群内容输出和对外展示。后来根据群员特长成立了设计组,设计组制作的一系列精致的宣传海报为社群品牌传播做了很大贡献。

(3) 3.0 版本

3.0 版本的时候,BM 大本营社群的组织架构发生了更多改变,社群人数大幅度增加,名人参与社群合作,开展特色训练营活动并逐步实现变现,社群从线上走到了线下等,如图 9-1 所示。

这个时候,组建了项目部,内含多个项目组,区别于其他职能部门。职能部门的成员职能单一且专业化,而项目组成员的职能是复杂交叉的。一个人只属于一个职能部门,但是可以属于多个项目组。项目经理业务涉及范围远大于职能部部长。

以读书笔记 PPT 营、理财营等为项目驱动,每次项目抽取各职能部门人员若干名去驱动。如果社群要开一个小白 PPT 训练营,需要一名设计人员、一名文案人员、一名外联人员。那么小白 PPT 训练营营长可以到设计组、文案组、外联组各借调一个人,组成临时项目组——小白 PPT 训练营项目组。当项目结束后,各组借调来的人各归各位。这种管理模式借鉴了很多高校社团的运营模式。总之,社群的组织架构需要根据社群的发展来动态调整,找到最适合自己社群的组织架构。

第 9 章 社群运营与创意

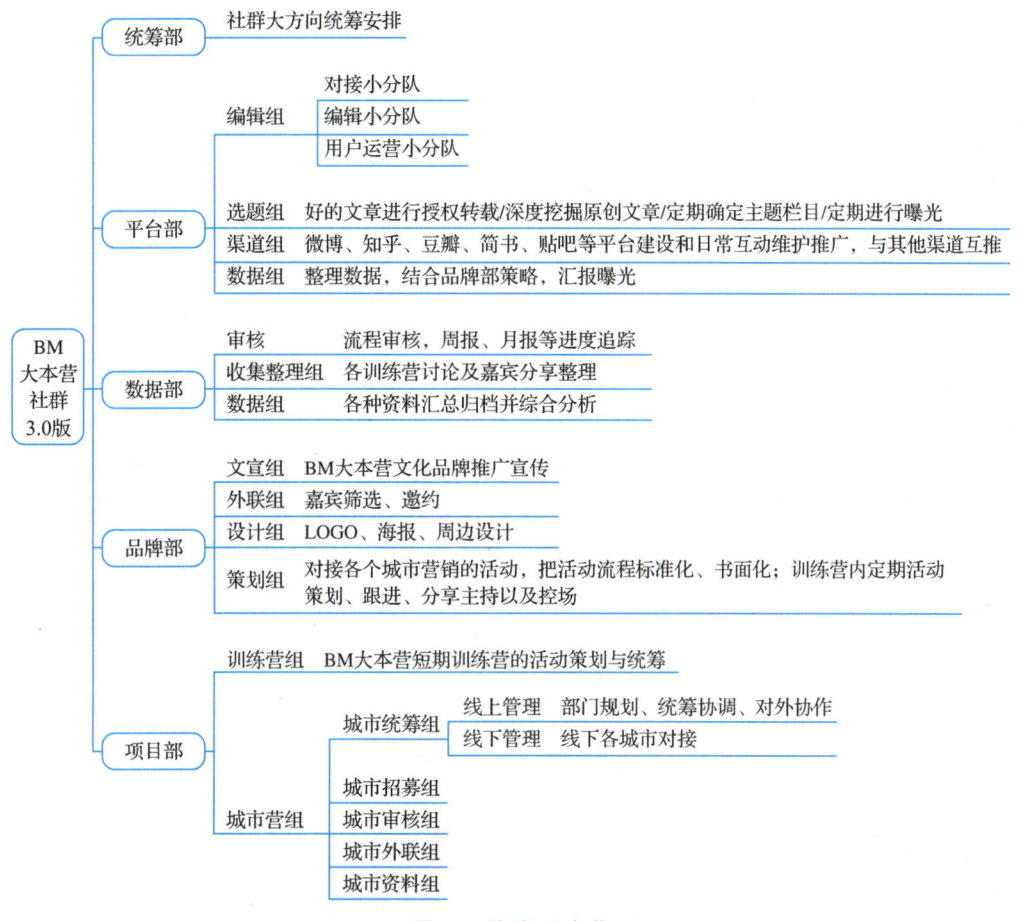

图 9-1 社群组织架构

9.3.2 人才选用

当社群的团队架构组建好后,在有一定规模的社群运营团队里,必须定期引入新鲜血液。新人对社群活动的积极性高,投入多时间,但是新人可能不知道线上社群运营的方法,也缺乏做线下活动的经验。只有热情但能力不足的人往往只能把事情搞砸,很多有经验的社群成员担心新人会出错,社群管理者觉得有经验的社群成员更熟悉工作,轻易尝试使用新人有风险,所以过于依赖社群老成员。这样下去,社群老成员会觉得负担太重,会选择退出社群。一旦社群中的几个积极分子退出,大家就会失去干劲,社群人才培养梯队断层的劣势就会立刻显露出来。社群蓬勃向上发展到一定规模时可能会突然遇到人力出走潮,社群运营发展的势头也会戛然而止。

因此,社群运营者要更积极主动地挖掘新人、培养新人、给新人机会,让他们尽快和老成员融入一个团队。只有愿意培养新人和能够持续不断推出新人的社群,才是一个健康的社群。

1. 人才的标准

在选择新人时有以下衡量标准可供参考。

(1)才华出众

网络运营需要以下三种人才：

第一种是具有打造出网络爆款内容能力的社群成员，不管这些内容是文字、图片、PPT，还是视频；第二种是具有网络项目运营组织能力的社群成员；第三种是具有天然开心果性质的黏性社群成员。一个优质社群的人员配置比例：社群内容输出的社群成员可以占到60%～70%，社群运营组织的社群成员可以占到20%～30%，社群黏性连接的社群成员可以占到10%～20%。

(2)效率出色

有的人有才华，但是做事情拖延，这样的人如果做社群运营，结果可能会让人很失望。社群运营需要选择有才华而且行动力强，能够成为整个活动的发起者和组织者的人。社群运营需要一个发动机型的人而不是一个依赖发动机才能前进的人。如果给一个人安排一项工作，他能够马上就有结果并主动反馈，不管这个结果如何，这样的人就是社群运营要找的人。

(3)产出稳定

有些运营团队一旦发现了合适的新人就会马上联系他，提供一些小任务供给挑战。如果发现新人做事效率高、质量好，特别是通过作品可以看出他们的思维深度和广度的话，应马上真诚邀请他们加入社群运营团队，并且不定期地给他小任务来继续评估其工作的质量和稳定性。

通过提高小任务的难度可以判断一个人是否有稳定的创作才华和创作周期，只有能稳定产出作品的人才有可能作出有质量的工作。

不过，对新人投入的培养成本应该和他的潜在成长价值成正比，应该把时间花在有培养价值的人身上。

(4)文化认同

不认同社群的文化、不认同社群价值观的人是很难跟着社群一直同心协力走下去的，而社群的文化也是动态发展的。如有些社群在早期实行的是公益性的非营利模式，但因发展需求过渡到商业化营利模式的状态下，哪怕核心价值观还是与以前一样，其社群文化也很难完全一模一样。

2. 人才储备

在社群日常运营中，人才储备非常重要。如果社群没有人才储备机制，一旦有工作人员突然离开，其他人会因为不了解工作内容或工作节奏跟不上运营流程而打乱社群的正常运营节奏。

(1)设置观察员角色

很多社群活动，并不需要太多人参与。为了让社群持续运营，建议在每次活动中设置几个观察员的职位。观察员需要了解整个活动流程，但并不需要马上进行具体工作，但是一旦一个人有了要了解和观察的意识，他就会从活动的参与者变成活动的观察者，就会更加留意活动过程的细节，也能学到更多的东西。

在网上很难对社群成员进行强化培训，但是通过在社群里耳濡目染的方式，社群成员能了解社群的运营模式。此外，网络社群成员因为种种问题随时可能出现状况，这个时候观察员可以随时救急。

（2）提前储备可用人才

人才储备分三个阶段进行。第一阶段，内部推荐，由核心社群成员推荐优秀的成员。第二阶段，填写推荐理由，推荐社群成员的关键是要交代成员背景，说明推荐理由。第三阶段，纳入观察员考核体系，提供社群小任务以测试社群成员的能力和意愿度。

（3）完善社群岗位工作移交说明书

一旦观察员表现合格，就可以被正式纳入社群运营核心骨干，这个时候，社群内部应该逐步整理出关于社群运营岗位的工作移交说明书。虽然社群是非正式组织，但是也需要岗位职责说明、工作流程配合及各种移交说明书等文件，特别是在网络环境下，人员变动频繁，没有辅助文件体系帮助，沟通会比职场面对面效率低很多。在社群规模还不大的时候，大家互相熟悉，彼此沟通的成本很低，相互之间有默契，不需要说明书就能把工作完成得很好。但是社群如果想做大，就要吸引、储备人才，面对全国各地社群人员的变动，就必须像企业一样有岗位职责说明书。在网络环境下，人员变动的可能性更大，岗位职责说明书更有存在的必要，所以更要特别强调岗位工作移交说明书的重要性。

9.3.3 团队的壮大与发展

1. 看清形势，学会判断

一是分析行业趋势。判断自身所在的行业处于成长期、壮年期还是夕阳期。如果行业处于成长期，迎接风口需要哪些准备？这个风口是否一定会到来？如果长时间不到来，团队该怎么运营？如果行业处于壮年期，存在红利，那么红利周期大概会是多久？自己是否能够抓住红利？如果难以抓住红利，团队要做哪些努力才能追上？可以利用的资源有哪些？如果行业处于夕阳期，寿命大概有多久？能否转型？如果需要转型，该做哪些准备？

二是关注竞争对手。掌握自己存在多少主要竞争对手？存在多少潜在竞争对手？主要竞争对手目前的情况如何？比自己强还是弱？对方的优势和劣势有哪些？哪些可以学习借鉴甚至复制创新？对方未来的发展方向是否可以预测？是否会在同一个赛道上继续竞争？

三是分析核心竞争力。自己的核心竞争力是什么？能否凭借自己的核心竞争力占据市场并且迅速发展起来？这是每个团队都需要考虑的问题。

2. 懂得授权，舍得放手

团队越大，需要处理的事情越多，但管理者的时间却是一定的。抓大放小、学会放权是管理者成长路上的必修课。因此，要从小权开始放，逐步提高社群成员的办事能力。

一是要确定授权对象。在准备授权时，首先要确定给什么样的人授权，根据对象的具体情况采取相应的方法，给予一定范围和大小的权限。在社群运营过程中，每件事都有"合适"的人，未必最"资深"的人就是最适合的人，因为所指定的被授权人，如果经验多但对于该项任务不擅长或意愿不高,未必就会比经验尚浅但有心学习且跃跃欲试的人适合。为一个任务选择一个合适的人,要比改造一个原本就选错的人容易得多。二是明确授权内容。从实际运营角度衡量,只要是分散核心成员精力的事务性工作及因人因事而产生的机动权利都可以考虑下放。简单来说,社群核心成员列出每天自己要花费时间做的事,根据"不可取代性"及"重要性",删去"非自己做不可"的事项,剩下的就是"可授权事项清单"。三是不得重复授权。授权必须明确、具体,不能含糊其词,不能重复授权。例如,派给 A 一个关于社群调查的任务,随后又把同样的任务交给了 B,这样就造成 A、B 之间的猜疑,各自怀疑自己的能力不行,于是积极性也因此下降。出现重复授权可能是无意的,因为社群并不像企业那样严格,难免有时会在口头上进行授权,但团队成员会在语义不明确的情况下以为这是交给自己的任务,于是就会出现双头马车的现象,造成团队资源的浪费,甚至引起核心成员之间的不团结。四是授权时要信任。缺乏信任的授权,会使团队成员丧失动力,降低工作效率,甚至产生反抗、厌烦等不良的抵触情绪。正所谓"用人不疑,疑人不用",信任具有强大的激励效应,能够比较好地激发团队成员内心的热情,因被信任而自信,工作积极性骤增。五是权责一起交授。授权时要将责任和权利一起交给执行人,如果只有责任而没有权利,则不利于激发工作热情,即使处理职责范围内的问题也需不断请示,这势必造成压抑情绪。但如果只有权利而没有责任,又可能会出现滥用权利的现象,增加社群团队管理的难度。六是控制和反馈。授权不是不加监控的授权,在授权的同时应附有一些适当的控制与反馈措施,掌握进度信息,选择积极的反馈方式,对偏离目标的行为要及时进行引导和纠正,这样才能使授权发挥更好的作用。

3. 重视成本,重视营收

无论社群有没有商业化运营,都应该重视营收,即使公益性质的社群也需要考虑持续的现金流营收,长期靠志愿者贴补或者非持续性的赞助是很难维持下去的。如果是商业化的运营,就更应该重视营收状况。发展得越好,越想做大做强,资金需求缺口的可能性就越大。

9.4 社群活动

有些社群是公司化运营,线下活动的资源、资金充足,并由有经验的专业团队负责运作,线下活动的成功率很高。但是有的社群没有公司化运营,线下团队由社群成员组成,而社群成员大多没有举办线下活动的经验,各个流程也不清楚,因而活动开展不顺利。社群组织线下活动一般分为五个阶段。

9.4.1 策划期

1. 编写策划书

开启第一次线下活动前,要编写一份完整清晰的活动策划书,以帮助组织方更加全面地把控整场活动,做到心中有数,能有节奏有计划地开展活动,而且还能给团队打一针强心剂,在执行的时候也会更有信心。

线下活动对时间、成本和质量的把控,能够体现团队的效率和专业性,所以在策划中要制作活动组织全过程的进度图。

2. 团队分工配置

社群类型不同,线下活动内容自然会有所不同,相对应的团队分工也会有所区别。沙龙形式是各个社群普遍采用的一种线下活动方式,对其他类型线下活动形式的分工也有参考价值,见表 9-1。

9.4.2 筹备期

一般建议一场小型的线下活动至少要提前三周开始准备,做到心中有数,不慌不忙。大型的线下活动则需要更长的策划准备周期。筹备期需要注意以下几个方面。

表 9-1　　　　　　　　　　　　团队分工

部门	任务	工作内容
外联组	场地管理	1. 筛选符合活动要求的场地(如咖啡厅、创客空间、培训室),以能寻求资源合作、免费使用为佳,并制作通讯录 2. 场地洽谈预约,搭建场地咨询库 3. 场地设备确认及现场资料管理(设备如投影仪、话筒等)
	邀约嘉宾	1. 嘉宾邀约,向嘉宾介绍社群(统一对外文案) 2. 嘉宾预约(确定分享主题与时间) 3. 在各环节与嘉宾及时沟通 4. 确定嘉宾分享的文稿与PPT
活动支持组	引导签到	1. 现场签到、个人信息采集 2. 引导人员入场 3. 发放入场前的物料
	PPT播放	1. 负责现场设备 2. 与主持人和嘉宾沟通播放要求
	摄影师	1. 拍摄活动过程中有代表性的环节 2. 过程录像(提前设置好机位) 3. 活动结束后的全景
	主持人	1. 介绍活动主办方、活动主题、嘉宾 2. 掌握活动流程 3. 活跃现场氛围

(续表)

部门	任务	工作内容
线上工作组	统筹	1. 负责线下活动的宏观方向 2. 开拓资源 3. 活动方案的制订与把控 4. 统筹安排活动
	群管理	1. 接待活动参与人员(答疑、告知时间、地点等) 2. 收集群成员意见并反馈给统筹(如期待分享主题、活动建议等)
	推广	1. 线上团队进行社群、微信公众号、微博、豆瓣、知乎、论坛或者在自有网站上进行宣传 2. 团队名称关键字搜索排名优化 3. 嘉宾线上资源推广,如微博宣传、公众号宣传、朋友圈宣传 4. 活动结束后的二次微博、微信等新媒体传播分享
	复盘总结	1. 整理参与成员、嘉宾的反馈和总结 2. 组织团队成员对整场活动进行复盘,完善最初的方案 3. 输出复盘报告

1. 联系嘉宾

社群想要做大做强,一定要与名人合作,为社群带来更多有活力有质量的分享和关注。

(1)通过新媒体与嘉宾建立连接

在互联网时代,连接到名人、达人相对来说比从前更容易了。如果嘉宾在微博上比较活跃,积极通过微博互动留下印象,然后再通过微博私信邀请嘉宾是一个不错的方式,或者可以到微信公众号中留言、积极评论也是个好方法。

可以先一对一地与名人、达人从接触了解到深度沟通交流,从弱关系转化为强关系,再邀请他们做线上分享。线上合作的嘉宾可以线下继续合作。

如果有可能,嘉宾可以成为线下签约讲师,在线上进行统一包装和推广,线下进行讲师面授。高质量的讲师资源与社群捆绑后,社群成员与社群产生的互动连接就会越来越多,质量也会相对更好。

(2)主动为嘉宾提供帮助建立连接

社群可以考虑付费购买嘉宾的产品或参与由嘉宾发起的活动,赢得好感,从一个切入点开始逐步取得嘉宾信任。一是给予嘉宾认同感,付费说明愿意为嘉宾的付出买单,也认同嘉宾的某些观点;二是让嘉宾有安全感,起码显示出自己不是个占便宜的人,名人的安全感、信任感加强了,就会有一个好的开始。

(3)通过邮件真诚邀请与嘉宾建立直接连接

如今通过微博、微信等社交平台就可以直接留言联系到嘉宾,但这种方式最大的问题是不正式。一方面,用微博、微信联系很容易潜意识中被对方当成聊天,很难一下子说清楚;另一方面,嘉宾越是名人越是私信多,很容易遗漏且不易检索。因此,最佳的联系方式是发邮件。很多嘉宾在自己的博客简介、微博主页、微信菜单里都提供了联系方式,找到邮箱后就可以给嘉宾发邮件了。

(4)做出影响力吸引别人主动连接

与嘉宾建立连接最好的方法就是要不断投资自己,扩大自己的影响力。掌握上述三种方法,或许在短期内可以连接到一到两次嘉宾,但从长远的规划来看,社群运营者需要踏踏实实地学习更多的东西,让自己变得更有价值,有同等的对话权,能够给予嘉宾同等的回报、反馈及资源互换,自己的路也会越走越宽。

口碑吸引合作,努力提升自己的口碑是社群最应该下功夫和花费精力的部分。只有做好自身的内容和平台,自身足够优秀了,才能吸引更多优质的合作方。当社群规模还比较小的时候,每一次合作都要用心对待、打磨,提升专业度。

2. 与合作方沟通

一次好的活动,以一己之力当然敌不过一群人合作,当自己还不够强大的时候,要善于寻找赞助,通过合作弥补自己的短板,放大活动效应,共享回报。

(1)发掘对方的真正需求

合作开始前,发掘对方的真正需求是最重要的事情之一,否则后面开展工作就算做得再多也不是对方真正想要的,造成人力物力的浪费。

如出版社和 BetterMe 大本营社群合作。出版社的真正需求并不是读书笔记 PPT 做得多么完美,而是通过 PPT 这个载体,让更多的人知道这本新书,对新书多一些好的曝光。

(2)看准对接人的风格

人与人的性格不同,这就决定了其行事的方法不同,因此需要区别对待。合作方的对接人作为代表会与社群有最多的接触,他的意见大多数情况下能够主导合作方的意见。

有的人性格比较随和,跟他相处的时候,就可以轻松一些;有的人性格比较严肃,做事也很严谨,根据对方的性格,采用合适的沟通方法,在冷冰冰的合作中加入一些人情味,这样接下来的合作就能更好地开展。

(3)严格把控细节

如果合作开始前就把细节做到位,用真诚的态度与合作方打交道并提交方案,对方也会更加重视社群的每一次付出。当合作过程中出现不可控情形的时候,对方也能包容和理解。

(4)从合作方的角度制订方案

从合作方的角度制订方案,能让合作方有一种代入感,让合作方觉得这个方案与自己息息相关,同时仔细考虑合作过程中的方方面面。如果一开始制订方案就完全按自己的想法写,让对方花时间看一大堆无关痛痒的文字堆砌,并且没有找到想要的关键点,那么合作方就会对合作的专业度产生怀疑。

另外,一个项目往往不只与一个单位合作,也许是多方合作。所以文案也需要根据不同合作方的不同需求去写,要有差异化。还要多注意将沟通过程中的内容整理存档,有时候双方理解和表达会存在一些误差,将来如果出现问题,有助于解决双方可能产生互相推脱的情况。

(5)降低期望值

合作过程中,降低期望值非常重要。把丑话说在前面,合作方就会把期望值降低到合理位置,合作后所有做得好的部分,都将会变成意外的惊喜而加分。

(6)同步播报进度

因为合作双方信息不对称,社群内部做了什么努力和成绩,合作方是看不到的,通过同步播报进度能够让合作方心里更有底。同步播报进度需要社群完善流程,跟进进度,让合作方在对接的时候避免出现流程上的错误或者沟通上的不顺畅,保持播报进度的节奏。

(7)结束要有复盘总结

通过复盘总结,双方可以更好地了解本次合作中间出现的问题,下次能够如何优化,也能让合作方感受到与你合作靠谱、有始有终,复盘总结也能够让对方有意外的惊喜和收获。

3.确定场地

与线上活动不同,线下活动一定要以实体场地为载体,无论是申请到的还是租赁的,都不是一件很容易搞定的事情。场地费用常常是开展线下活动中费用相对较大的一部分,找场地的思路也很重要。

(1)寻找身边的场地资源

线下团队在初期可以寻找身边有丰富活动经验的人员咨询,通过他们的经验和资源可以更加快速有效地获得优秀的场地。还可以积极参加其他的社群活动,投资自己的同时既可以获取知识和嘉宾资源,又可以学习其他社群活动的优点,规避缺点,还可以考察活动场地是否对外开放,是否适用于今后的城市线下活动。当场可以联系负责人进行初步洽谈并留存联系方式,明确费用与场地使用注意事项。

(2)寻找免费场地

通过本地专门发布活动的网站寻找公益活动发布情况,查找公益活动的举办场地并搜索该场地是否有公众号,查看场地的交通、环境以及以往举办的活动,然后再联系场地主办方进行洽谈。

除此之外,还可以考虑通过资源互换的模式获得免费场地。商业活动场地作为线下活动场地一般都会收费,有的就算不要场地费也会需要有最低消费。

(3)选择平价收费场地

现在很多城市有青年创业咖啡馆,既是商业经营,同时也体现了经营者的情怀与梦想。在经过考察场地的交通、大小和设备情况后,可以选择客户量较小的时间段来举办活动,这样既可以让参加活动的用户感受到场地独特的氛围,同时也能够为咖啡馆带来一定的消费。另外可以与咖啡馆洽谈定点举办活动是否能够享受折扣。

(4)寻找公益组织活动场地

公益组织活动场地一般由政府或企业提供,在"大众创业,万众创新"的影响下,这类场地会越来越多,具体可以寻找当地政府或企业寻求场地支持。例如,深圳图书馆会提供场地举行读书分享、公益讲座类的活动,但这类场地的申请程序较为复杂,可以通过政府机构或企业了解申请程序。

4. 建立物料清单

活动成本主要由活动场地和物料构成,要提前确定好物料清单,除了总部分发的带有社群品牌LOGO的标准物料外,还要根据自己所在城市的活动判断是否还需添加其他物料。

9.4.3 宣传期

1. 线上宣传

宣传期主要包括设计活动海报、接受报名,同时在各个平台包括微信、微博等发布活动信息,邀请媒体参加活动,增加后续报道。

当线下发展得好、规模变大后,可以由总部授权,自己单独建立功能团队和宣传平台。例如,"趁早"社群,在线上,北京总部有专业的运营团队,有官方微博、微信公众号。对于活动的宣传,一定要将信息阐述清楚、详细,让人一目了然,同时也减少了运营人员的沟通成本。

2. 线下宣传

在初期,线下规模较小的时候,相关的功能团队(如设计、平台运营、推广等)可以直接由总部安排调度。线下团队会根据总部的活动做积极的反馈和参与,总部也会选择性地推送线下城市的相关内容,与线下城市紧密联系互动。

宣传阶段要设计线下报名渠道和报名方式。如果有收费项目,还要确定收费渠道、支付方式。现在有许多报名工具,如麦客表单、支付宝群、微信收费、Group+等,都可以加以运用。

一次成功的社群线下活动的结束并不是工作的终点。线下活动的影响力、辐射范围有限,必须通过整合线下工作内容再放到互联网平台上制造线上有效传播,一方面,能够以点带面引爆扩散,吸引更多人参加线下活动;另一方面,也会刺激线上社群话题二次传播,吸引更多人关注社群,可以从三个方向进行引爆。

(1)内容引爆

一是通过对线下活动的描述吸引线上报名。活动处于报名阶段的时候,在向公众传达举办活动的目的、活动的性质、活动的内容能给他们带来什么作用和影响的过程中,若做到既准确又有吸引力,则能直接影响线上的报名质量和传播能量。在这个阶段,运营者若能为用户提供其从线上看到的描述之外的惊喜,就能够提高线下活动用户的满意度和期望值,从而引发口碑传播。

二是通过对线下活动的内容呈现吸引线上转发传播。活动处于开展阶段的时候,好的内容会通过全民直播迅速引爆线上传播。在这个过程中,工作人员可以有一些非官方引导,能够让大家知道如何去传播,传播哪些内容,能从源头上对传播信息有一些筛选和导向。

三是通过对线下活动的总结建立线上的口碑和影响力。线下活动结束后,对活动进行还原,输出有质量的总结,能够引发二次传播,也能引发人们对下一次活动产生新的期待和关注。活动输出的文章,其中包含的数字和内容、客观和真诚的总结比过度吹嘘活动的成功更能吸引用户,社群也能更人性化。

(2)渠道引爆

流量和关键意见领袖的引流能够提高线下活动内容在线上的传播效率和影响力。各大平台的曝光引流,包括媒体、社区、三方平台(如微信、微博)的病毒式传播转发。

与社群相关的KOL进行合作,或者培养社群自己的KOL,以他们的视角来参与、点评线下活动,尤其是几个KOL进行信息转发接龙的时候,传播力度更大。

(3)运营引爆

社群有生命周期,运营意味着消耗,把握进度节点和时间地图、控制传播节点可以有实现多次引爆的可能。且全国性布局能够带来更多的合作机会,许多企事业单位有全国性的分支点,但是当地自身并没有社群运营能力和团队,通过合作的方式,与他们一起进行线下活动的同时,社群能够借力扩大影响力和知名度,引爆到线上。如证券公司有全国性的网点运营部,他们希望能够增强客户黏性,通过社群的力量,再加上线下网点场地和资源的支持,打通线上线下就会事半功倍。

9.4.4 进行期

1. 活动流程

进行期主要包括招募活动当天志愿者,与活动主持人对接活动流程,线上会议跟进工作进度和未完成事项,整理活动物料以确保物料准备齐全,确认通知方式、会员和嘉宾活动注意事项通知和邀请函发送结果,会场布置和设备调试,这些工作都准备妥当后,就可以从容地开展第一次线下活动了。

策划方案做好后,需要把活动当天的整个流程梳理成跟踪表,查漏补缺,明确活动当天的时间节点,并列出时间清单,如活动的正式开始时间、工作人员到场时间、物料到位时间、嘉宾到场时间、参与人员签到时间、活动结束时间等相关时间节点。

2. 嘉宾接待

嘉宾是活动中非常重要的因素,所以对于嘉宾的接待一定要重视。为了确保社群活动嘉宾的招待周到细致,应精心策划邀请函并提前发送,活动现场设置专属接待区与座位,配备高品质茶歇,安排专人热情接待并引导参观,同时详细介绍社群文化,让嘉宾感受到尊贵与热情,促进更深层次的交流与合作。

9.4.5 复盘期

一场线下活动如果做完没有进行复盘总结,很多当时存在的问题就容易被忽略和遗忘,以后就会反复在同一个地方犯错。

1. 经验总结

总结包括对外宣传和内部总结。

(1)对外宣传

对外宣传包括官网新闻宣传、新媒体宣传,特别是微博等新媒体宣传应该更有深度、更有质量。

(2)内部总结

线下活动结束后,通过对参与活动人员的反馈,或者通过文字或音频、视频输出,进行活动回顾和现场还原,让更多没有参加活动的人对本次活动和社群有所了解,对下一次活动起到宣传、推广的作用。

2. 经验复制

线下活动举办成功后,在复盘总结经验的基础上,社群可以依据自己的发展情况确定是否需要快速从试点城市复制到更多城市,使得社群发展获得更大的空间。

社群试点城市可以优先选择经济发达的一线城市,如北京、上海、广州、深圳。一线城市资源更加丰富并且竞争更为激烈,人们学习动力足,自我提升氛围好,参加的人多,生活节奏快,快节奏会产生高效率。

当然,与社群自身关联比较大或者资源比较丰富的地区也可以作为试点城市。

选择复制线下活动到其他城市要因地制宜,灵活变通。要根据城市的经济基础和文化氛围,选择活跃的城市开展线下活动。一方面,各方面资源相对更多;另一方面,所在城市的社群成员比较集中,能发动周边地区的人参加,扩大社群的影响力和号召力。

试点城市线下活动成功举办后,可以进行流程化梳理,然后再复制到其他城市。这个时候社群需要设置一个部门来统筹全国各个城市的线下团队,帮助社群建立全国线下网络;合理规划全国城市线下组织建设,确保各个城市线下组织良好运营;配合线上其他部门做好线下活动宣传,提高社群在各个城市的影响力;帮助社群用户线下互动,增强黏性和提升参与体验。

3. 建立数据库

在各个城市的线下持续复制过程中,系统地整理资料库显得非常有必要,可以提高资源利用率和团队协作效率。

(1)社群成员信息库

建立社群成员信息资料库,一方面可以让社群对自己的成员数据有一定了解;另一方面可针对国内流动的成员建立成员库,帮助他们更好地融入其他的城市和社群。

除了传统普遍的 Excel 表格,还可以利用第三方工具 Group+来整理成员资料库,对成员进行分类和筛选,使今后活动的开展更有针对性。Group+还可以免费群发限定数量的短信通知。

(2)物料库

把线下城市的物料进行统计汇总,碰到物料不够的情况,可以及时从其他城市调度,省去不必要的物料开支,便于总部进行数据分析,也便于城市线下团队在活动开展前对物料到位情况进行追踪。

(3)嘉宾资料库

建立嘉宾资料库,一方面,如果嘉宾在各个城市出差或者工作是流动性质的,那么就可以建立联系,进行线下合作;另一方面,整合全国嘉宾资源,促成线上合作。

(4)场地资源库

建立场地资源库,一方面,可以为在新城市寻找场地资源提供思路;另一方面,可以避免某些城市在场地费用上开销过大,有借鉴作用。

(5)活动游戏库

建立活动游戏库,可以让全国的线下活动的暖场游戏得到汇总,使参与成员每次都有新的体验,提高了工作效率,也节省了工作人员找游戏和对新游戏的试错时间。

(6)线下城市文件模板库

在线下团队开始运营后,总部收集各个城市线下据点的文档并进行归档和保存,使资源能够在全国线下城市得到更充分的利用。

同步测试

1. 单项选择题

(1)以下选项中,属于社群中应有的角色是(　　)。

A. 小白　　　　　B. 专家　　　　　C. 群主　　　　　D. 积极分子

(2)一群有相互关系的人形成了网络,其中人和人要产生交叉的关系和深入的情感连接属于(　　)。

A. 社群　　　　　B. 好友　　　　　C. 群主　　　　　D. 陌生人

(3)下列不属于社群营销价值的是(　　)。

A. 感受品牌温度　B. 刺激产品销售　C. 维护顾客黏性　D. 寻找目标顾客

2. 多项选择题

(1)以下选项中,属于社群运营中注意事项的是(　　)。

A. 持续完善社群运营流程　　　　　B. 尽全力快速扩大规模

C. 建立合理的回报机制　　　　　　D. 增加社群品牌影响力

(2)以下选项中,属于常见的社群运营平台的是(　　)。

A. 百度贴吧　　　B. 钉钉　　　　　C. 微信　　　　　D. 微博

(3)下列选项中,哪些属于社群的结构部分?(　　)

A. 组成成员　　　B. 交流平台　　　C. 加入原则　　　D. 管理规模

创业营销技能实训项目

让身边成功案例激发创业火花

[训练目标] 选择一种家乡的农产品,为其制订适合的社群营销方案。

[训练组织] 学生每6～8人为一组,教师提供指导。

[创业思考] 如何为自己的创业项目构建社群?

[训练提示] 教师可以引导学生先借鉴成功的社群营销模式,再结合自己的产品进行创新。

[训练成果] 各组汇报,教师讲评。

案例分析

XM的社群运营与创意

开发XM手机系统时,其创始人下达了一个指标:不花钱将XM手机系统做到100万用户。于是,项目负责人只能通过论坛做口碑:满世界参加论坛,找资深用户;几个人注册了上百个账户,每天在手机论坛发广告;精心挑选了100位超级用户,参与XM手机系统的设计、研发、反馈等。借助这100人的口碑传播,XM手机系统得以被迅速推广。

那时,其创始人每天会花一个小时回复微博上的评论,即使工程师也要按时回复论坛上的帖子。据统计,XM论坛每天有实质内容的帖子大约8 000个,平均每个工程师每天要回复150个帖子。而且,在每一个帖子后面,都会有一个状态,显示这个建议被采纳的程度及解决问题的工程师ID,这给了用户被重视的感觉。

XM的社群结构是非常完整的,有领袖人物,有参与研发设计的荣誉顾问和明星用户,XM论坛也活跃着一大批认证用户。此外,XM社群还有自己的狂欢节,在全国各地举办各种中小型活动。在XM论坛中,还有随手拍、酷玩帮、1元的体验评测等塑造社群文化的内容。

此外,和其他论坛纯线上的交流不同,XM有一个强大的线下活动平台"同城会"。XM官方则每两周就会在不同城市举办活动,并根据后台分析每城市的用户数量,以此来决定同城会举办的顺序,在论坛上登出宣传帖后用户可报名参加,每次活动邀请30~50个用户到现场与工程师进行面对面交流。

.思考.

请根据所给资料分析XM社群能够长久运营的原因是什么。

参考文献

[1] 谢红焰. 新媒体运营［M］. 北京：首都经济贸易大学出版社，2022.

[2] 胡悦. 新媒体运营基础教程［M］. 北京：北京大学出版社，2022.

[3] 陈政峰. 新媒体运营实战指南［M］. 北京：人民邮电出版社，2019.

[4] 李俊，魏炜，马晓艳. 新媒体运营［M］. 北京：人民邮电出版社，2020.

[5] 菲利普·科特勒，凯文·莱恩·凯勒，卢泰宏. 营销管理［M］. 北京：中国人民大学出版社，2009.

[6] 林若尘，吕凌菁. 网络营销策划［M］. 成都：西南交通大学出版社，2021.

[7] 程宇宁，黄梅荣. 品牌策划与推广. 北京：中国人民大学出版社，2023.

[8] 龙艳. 互联网时代市场营销策划基本理论与案例分析［M］. 哈尔滨：哈尔滨工业大学出版社，2021.

[9] 胡柯柯. 活动策划：从入门到精通［M］. 北京：清华大学出版社，2023.

[10] 迟梨君，袁洁. 网络营销策划与文案写作［M］. 北京：人民邮电出版社，2022.

[11] 李成钢，王涓. 新媒体营销［M］. 北京：中国纺织出版社，2024.

[12] 卢星辰. 新媒体营销与运营［M］. 石家庄：河北科学技术出版社，2022.